Irmgard Grunwald

Sterben auf Wunsch?

Sterbehilfe – eine persönliche Auseinandersetzung

Irmgard Grunwald

Sterben auf Wunsch?

Sterbehilfe – eine persönliche Auseinandersetzung

Irmgard Grunwald
Sterben auf Wunsch
Sterbehilfe – eine persönliche Auseinandersetzung

Bestell-Nr. 271.024
ISBN 978-3-86353-024-2

1. Auflage

www.cv-dillenburg.de
Satz: Christliche Verlagsgesellschaft Dillenburg
Umschlaggestaltung: Jens Vogelsang
Umschlagmotiv: istockphoto.com, Vetta-Foto
Bild im Innenteil: © vnlit/Shutterstock
Druck: CPI Moravia
Printed in Czech Republic

Inhalt

Prolog

Zwischen Leben und Tod

Einer der gehenkten Übeltäter aber lästerte ihn: Bist du nicht der Christus? Rette dich selbst und uns! Der andere aber antwortete und wies ihn zurecht und sprach: Auch du fürchtest Gott nicht, da du in demselben Gericht bist? Und wir zwar mit Recht, denn wir empfangen, was unsere Taten wert sind; dieser aber hat nichts Ungeziemendes getan. Und er sprach: Jesus, gedenke meiner, wenn du in dein Reich kommst! Und er sprach zu ihm: Wahrlich, ich sage dir: Heute wirst du mit mir im Paradies sein.

Lukas 23,39-42

Drei Männer hängen zwischen Himmel und Erde, zwischen Leben und Tod.

Sie leiden entsetzliche Qualen. Unerträgliche Schmerzen durchfluten den ganzen Körper; Angstzustände, Fieber und Atemnot halten die zum Tode verurteilten Menschen in eisernem Griff. Es gibt kein Entrinnen. Man sehnt den Tod herbei, damit der mühevolle Todeskampf endlich ein Ende hat.

Hier herrscht keine lockere Gesprächsatmosphäre; jetzt ist kein Platz mehr für Small Talk. Die Worte werden unter größter Mühe hervorgestoßen. Stöhnen und Schmerzensschreie unterbrechen die kurzen Sätze.

Dieses knappe Gespräch, von dem die Bibel in wenigen Zeilen berichtet, kann auch für Menschen im 21. Jahrhundert noch von großer Tragweite sein.

Es geht um Menschen, die den Tod unmittelbar vor Augen haben; Menschen in einer Extremsituation. Angehörige und Freunde der Menschen, die mit dem Tode ringen, stehen hilflos dabei. Man möchte einschreiten, die Qual beenden, den schrecklich leidenden Menschen Erleichterung verschaffen durch einen schnellen Tod. Doch ist das die Hilfe, die wirklich benötigt wird?

Die entsetzlichen Konsequenzen des „leichtfertigen" Sterbens

Mit dem Herrn Jesus werden zwei Schwerverbrecher hingerichtet. Auch im Römischen Reich wurde im Allgemeinen die grausame und brutale Todesstrafe durch Kreuzigung nicht willkürlich verhängt; die beiden Kriminellen sind schwerer Vergehen für schuldig befunden worden.

Einer der Verbrecher hat sogar noch in dieser Situation nur zynischen Spott für den Sohn Gottes übrig. Er macht zwar eine wahre Aussage („Bist du nicht der Christus?"), nimmt aber den Anspruch des Herrn Jesus, der ersehnte Messias zu sein, nicht ernst und zieht ihn sogar ins Lächerliche. Der Verbrecher meint vermutlich, er habe nichts mehr zu verlieren. Er hat den Tod vor Augen, er ist völlig hilflos, wird von unvorstellbaren Schmerzen gequält - und ist dennoch voller Hohn für den Einzigen, der ihm auch jetzt noch helfen könnte: Jesus Christus.

Jesus ist tatsächlich der Christus, der Gesalbte, der Messias; sein Anspruch besteht zu Recht. Er allein hat - damals wie heute - die Macht, die Zukunft eines jeden Menschen auch nach dem Tod zu bestimmen: ewiger Aufenthalt in der Nähe Gottes oder ewiger Aufenthalt in qualvoller Gottesferne.

Doch der Verbrecher nimmt Jesus und seine Macht nicht ernst. Er fordert ihn zwar auf: „Rette uns!", aber er glaubt nicht, dass Jesus dazu in der Lage sein könnte. Er zweifelt daran, dass Jesus in Wahrheit der Sohn Gottes ist. Außerdem scheint er nichts weiter als seine derzeitige unerträgliche Situation sehen zu können. Er ist anscheinend davon überzeugt, dass er nur dieses schreckliche Sterben noch irgendwie überstehen muss, um endgültig in der Dunkelheit der Geschichte zu verschwinden.

Vordergründig meint der Mann mit seinem spöttischen Flehen um Hilfe nur die Beendigung seiner körperlichen Qualen in diesem äußerst schmerzhaften Sterbeprozess. Man meint, ihn voller Verzweiflung schreien zu hören: „Kann mir denn niemand helfen? Bringt mich doch möglichst schnell um!" Oder aber: „Am besten macht mich los von diesem schändlichen Kreuz, löst die Nägel, pflegt meine Wunden, gebt mir zu trinken, gebt mir Ruhe, lasst mich vorerst weiterleben … rettet mich!“

Es mutet fast paradox an, aber letztendlich kommt Jesus dieser Aufforderung tatsächlich nach – die Errettung der Menschheit ist ja überhaupt erst der Grund für den stellvertretenden Tod des Herrn Jesus am Kreuz! Der spottende Verbrecher jedoch kann damit nichts anfangen, er nimmt dieses Angebot nicht an; daher ist diese Art der Rettung für ihn gegenstandslos.

In genau diesen Stunden am Kreuz bewirkt Jesus allerdings ein für alle Mal die Beendigung der ewigen Qual für jeden, der dieses Opfer in Anspruch nimmt: Er ist tatsächlich der Retter, so wie es das Neue Testament an vielen Stellen bezeugt[1]. Der zynische Verbrecher aber sieht diesen Hintergrund nicht, würde ihm vermutlich auch keinen Wert beimessen.

Kurze Zeit später ist dieser Mann tot. Manche mitleidige Seele unter den Zuschauern ist vielleicht erleichtert, dass die sichtbare körperliche Qual ein Ende hat; vordergründig hat der Verbrecher im Tod „seine Ruhe gefunden“.

Als gläubiger Christ und Bibelleser weiß man, dass diese äußere Ruhe trügerisch ist. Der Körper ist nur noch eine leblose Hülle, kann keine Schmerzen mehr empfinden. Doch was ist mit der Persönlichkeit des Menschen, seiner unsterblichen Seele und seinem Geist? Das Wort Gottes gibt darauf

---

[1] Siehe zum Beispiel Matthäus 1,21; Johannes 3,17; Titus 3,5

eine unmissverständliche Antwort: „Es ist dem Menschen gesetzt, einmal zu sterben, danach aber das Gericht" (Hebräer 9,27; UELB).

Annahme der Hilfe – und die wunderbaren Konsequenzen

Noch ein weiterer Verbrecher hängt dort am Kreuz, auf der anderen Seite neben dem Herrn Jesus. Er ist trotz rasender Schmerzen nicht allein mit sich selbst beschäftigt, er mischt sich ein. Woher stammt seine plötzliche Erkenntnis - das Erkennen seiner eigenen Verlorenheit und das Erkennen der Göttlichkeit Jesu? Die Erkenntnis dieses Verbrechers stammt offenbar nicht allein aus menschlichen Erzählungen, er hat sie auch nicht „aus sich selbst heraus" entwickelt - dieses Wissen entspringt aus einer göttlichen Quelle[2]. In der Gegenwart der vollkommenen Gerechtigkeit des Herrn Jesus ist die Wahrheit zu finden, auch die Sündenerkenntnis.

Möglicherweise ist dieser Mann Jesus in den vergangenen drei Jahren einmal begegnet, hat seine Lehren gehört - man weiß es nicht. Fest steht: Er erkennt, dass der andere Straftäter mit seiner Beurteilung des Herrn Jesus völlig falsch liegt. Und die Sache ist ihm wichtig genug - selbst im Todeskampf versucht er noch, den anderen Verbrecher

2 Vgl. Matthäus 16,17

von der Göttlichkeit des Herrn Jesus Christus zu überzeugen.

Der eine Kriminelle spricht den anderen Kriminellen auf seine mangelnde Gottesfurcht an. Auf den ersten Blick mag das arrogant erscheinen: Hat er selbst nicht auch ein todeswürdiges Verbrechen begangen? Soll das vielleicht ein Zeichen von besonderer Gottesfurcht sein?!

„Du fürchtest Gott nicht?“ – Die verwunderte Frage macht deutlich, dass er, der Verbrecher, sich sehr wohl (und völlig zu Recht!) vor dem kommenden Gericht nach Eintritt des Todes fürchtet! Der unumkehrbare Vorgang des Sterbens hält für ihn umso mehr Schrecken bereit, weil er weiß, dass er nicht in die bloße Nichtexistenz fliehen kann.

In diesen letzten Stunden seines Lebens stehen dem Verbrecher einige wesentliche Dinge klar vor Augen – und er behält die Wahrheit nicht für sich:

- Er selbst ist vor den Menschen und vor Gott schuldig geworden.
- Er erleidet eine gerechte Strafe für seine Schuld: die Todesstrafe.

Sündenerkenntnis und demütige Annahme der gerechten Strafe kennzeichnen immer eine ernsthafte Buße, eine Lebenswende.

Und nach der Erkenntnis der eigenen Schuld und Sünde folgt die Gotteserkenntnis.

Der Verbrecher hat die innere Gewissheit, wer der Mann am Kreuz neben ihm ist:

- Jesus ist – im Gegensatz zu jedem anderen Menschen – gänzlich ohne Schuld und Sünde. Er stirbt völlig unschuldig.
- Jesus ist nicht nur Mensch, er ist auch der Sohn Gottes! Daraus folgt als logische Konsequenz: Der Tod wird Jesus nicht halten können!
- Die Aufschrift am Kreuz entspricht der Wahrheit: Jesus ist wirklich der König eines realen Reiches jenseits der irdischen Dimension.

Die Erkenntnis der Göttlichkeit des Herrn Jesus führt zu einer weit reichenden Entscheidung, einer vertrauensvollen Bitte. Der Mann, der zum Tod verurteilt ist, traut Jesus alle Macht zu. Er bittet diesen, „an ihn zu denken".

Was genau erwartet er? Seine Situation ist eindeutig; er kann nur auf Gnade in einem gerechten Gericht hoffen. Gerechtigkeit ohne Gnade ist der Untergang, der endgültige Tod, das ultimative Todesurteil für jeden Verbrecher, für jeden Sünder.

Die Bitte dieses Mannes an Jesus Christus macht deutlich, dass er über den körperlichen Tod hinaus denkt, obwohl er ihm mehr als deutlich vor Augen steht.

Sein Vertrauen zeigt, dass er dem Anspruch des Herrn Jesus glaubt und überzeugt davon ist, dass Jesus der Messias – der wirkliche legitime König und der Retter – ist und alle Macht hat. Und mit dieser Auffassung liegt er absolut richtig![3]

---

[3] Siehe Matthäus 28,18

Mit seinen natürlichen Sinnen sieht der Verbrecher zwar den unvermeidlichen Tod unter großen Qualen, mit den Augen des Glaubens sieht er allerdings viel weiter: Er sieht den Herrn Jesus in Herrlichkeit. Sein Glaube geht weit über die sichtbaren Umstände hinaus.

Die alles umfassende Verheißung

Jetzt erst spricht der Herr Jesus und ein kurzer Satz eröffnet dem zur Buße bereiten Verbrecher die feste und unerschütterliche Gewissheit des ewigen Lebens in der himmlischen Herrlichkeit. Was menschlich völlig unmöglich scheint, was der scheinbaren Logik der gerechten Vergeltung widerspricht, wird durch den Herrn Jesus zur schlichten Wahrheit: „Heute wirst du mit mir im Paradies sein."

Dies ist ein Versprechen mit drei Verheißungen:

1. *heute:* Jesus macht deutlich, dass der Sterbende keine Verzögerung zu erwarten hat: Nach dem körperlichen Tod tritt sofort und unmittelbar ein neuer Zustand ein. Der Verbrecher hatte vermutlich an eine ferne Zukunft gedacht, doch Jesus gibt ihm eine Perspektive für seine unmittelbare Zukunft.
2. *mit mir:* Jesus ist der Mittelpunkt der Verheißung – mit Jesus zusammen zu sein, enge Gemeinschaft mit dem Herrn zu haben, das ist der

entscheidende Faktor der Existenz nach dem Tod!

3. *im Paradies*[4]: Jesus bezieht sich hier auf den Zustand zwischen dem körperlichen Tod in der Gegenwart und der körperlichen Auferstehung in der Zukunft[5]. Das „Paradies“ ist ein Ort des Trostes und der vorübergehenden Ruhe.

Der Verbrecher, der Jesus vertraut und ihn um Hilfe bittet, wird ohne jeglichen Verdienst allein aus Gnade gerettet – so wie jeder andere erlöste Sünder bis heute; er ist der erste einer großen Menge, deren Anzahl auch heute noch steigt.

Er hatte keine Möglichkeit mehr, sein neues Leben unter Beweis zu stellen. Die Gnade allein reißt ihn in den letzten Momenten seines Lebens von dem Abgrund der ewigen Qual zurück.

Der Herr Jesus hängt zwischen zwei Kriminellen, doch dieses Versprechen gilt nur dem einen Verbrecher, der seine Sünde und Hilflosigkeit erkannt hat und bei Jesus Hilfe sucht. Auf den

---

[4] Paradies: Dieses ursprünglich persische Wort bedeutet „geschlossener Garten“ und wird manchmal auch für den Garten Eden benutzt.

[5] Dieser Ort wird in der Bibel auch Scheol (Hebräisch, AT) oder Hades (Griechisch, NT) genannt; er bezeichnet das Totenreich, einen realen Ort für die reale lebende und unsterbliche Seele, die noch keinen Auferstehungskörper hat. Dieses Paradies ist der Bereich, in dem die Gläubigen auf die Auferstehung „warten“; parallel dazu existiert ein Totenreich für die nicht erretteten Seelen, in dem die Qual der ewigen und endgültigen Hölle bereits beginnt. Psalm 16,10; Daniel 12,2-3.13; 1, Samuel 2,6

spottenden Verbrecher wartet nicht die ewige Gemeinschaft mit dem Herrn, sondern die ewige Gottesferne in weiteren Qualen – Todesqualen über den körperlichen Tod hinaus.

Eine Begegnung, die Weichen stellt

Das Kreuz des Herrn Jesus steht zwischen den beiden Verbrechern, sowohl im realen als auch im übertragenen Sinn: Am Kreuz des Herrn Jesus entscheidet sich das ewige Schicksal jedes Menschen. Das Kreuz und damit das Angebot Gottes zur Rettung aus der Macht der Sünde teilt die Menschheit deshalb in zwei Gruppen. Jeder Mensch hat die Möglichkeit, dieses Angebot anzunehmen und damit auch – wie der zur Buße bereite Verbrecher – unmittelbar nach seinem körperlichen Tod bei seinem Herrn und Heiland Jesus Christus zu sein.

Doch Gott respektiert ebenso die freie Entscheidung jedes Menschen, der dieses Angebot der Gnade ablehnt und der – wie der spottende Verbrecher – deshalb unmittelbar nach seinem körperlichen Tod die furchtbaren Konsequenzen der ewigen Gottesferne tragen muss.

Als Christen wissen wir: Durch den Tod des Herrn Jesus Christus gibt es nicht nur Hilfe zum Leben, sondern auch Hilfe zum Sterben. Jeder einzelne Mensch muss für sich selbst eine Grundsatzentscheidung treffen, solange er dazu in der Lage ist. Diese persönliche freie Entscheidung hat absolut weitreichende Konsequenzen.

Niemand weiß, wann und auf welche Weise er mit seinem eigenen Tod konfrontiert wird. Viele Menschen verbannen dieses unbehagliche Thema am liebsten völlig aus ihrem Denken. Doch nach einem folgenschweren Unfall oder im Verlauf einer tödlichen Krankheit begeben sich Betroffene und Angehörige nicht selten auf die mühsame Suche nach einer Möglichkeit, in Frieden zu sterben.

Es ist gut und notwendig, sich mit dieser allerletzten Wegstrecke des menschlichen Lebens zu beschäftigen. Doch man sollte sich von vornherein darüber im Klaren sein: Nicht der Vorgang des Sterbens ist letztlich entscheidend, sondern das Ziel des Lebens und Sterbens.

1 Einführung: Sterben auf Wunsch – gibt es das?

Definition – was ist Sterbehilfe?

In den letzten Jahren häufen sich die öffentlichen Debatten zum Thema „Sterbehilfe“. Oft ist es nicht einfach, die vielfältigen Verknüpfungen zu entwirren. „Sterbehilfe“ ist ein schillernder Begriff, der ganz unterschiedliche Inhalte transportieren kann.

Im eigentlichen, wörtlichen Sinn kann man Sterbehilfe als Beistand und Unterstützung im Sterbevorgang verstehen, als mitfühlende Sterbebegleitung. Diese Art von mitmenschlicher Hilfe ist in der Geschichte der Menschheit von jeher selbstverständlich und liebevoll erbracht worden. Die sterbenden Angehörigen wurden zu allen Zeiten und in den meisten Kulturen im Kreis der Familie versorgt, gepflegt und bis unmittelbar an die Schwelle des Todes begleitet. Diese tröstende Hilfe wünschen sich wohl bis heute die meisten Menschen, wenn sie an ihren eigenen Tod denken. Erst in den letzten Jahrzehnten haben sich aufgrund der rasanten Entwicklung der modernen Medizin Möglichkeiten ergeben, mit medizinischen Mitteln in den Sterbevorgang einzugreifen. Man muss heutzutage das Sterben nicht mehr hinnehmen, man kann es beschleunigen oder sogar provozieren.

Wo aber verläuft die Grenze zum Selbstmord, zum Mord?

Das Motiv zur Sterbehilfe ist in den meisten Fällen ein tiefes Mitgefühl mit schwer kranken, hilflosen oder an unerträglichen (körperlichen oder seelischen) Schmerzen leidenden Menschen. Nicht selten bitten auch die betroffenen Menschen selbst ihre Angehörigen oder Ärzte um irgendeine Hilfe, die ihre Qualen verkürzen kann. Wenn sie könnten, würden sie voller Verzweiflung Selbstmord begehen - doch dazu reicht die körperliche Kraft nicht mehr aus.

Was also ist Sterbehilfe? Gibt es das wirklich - Sterben auf Wunsch?

Man kann drei grundsätzliche Bedeutungen unterscheiden:

1. *Passive Sterbehilfe:* Verzicht auf therapeutische Maßnahmen (z. B. Medikamente, Beatmung, künstliche Ernährung), die den Sterbevorgang hinauszögern
2. *Indirekte Sterbehilfe:* Anwendung von Medikamenten zur intensiven Schmerztherapie, selbst wenn diese Maßnahmen möglicherweise zu einer geringen Verkürzung des Sterbeprozesses führen können
3. *Aktive oder direkte Sterbehilfe:* aktives Ausführen von Tätigkeiten, die den Sterbevorgang herbeiführen oder einleiten

Parallel dazu rücken auch zwei unterschiedliche Gruppen von Menschen in den Blickpunkt:

1. Einerseits wird von „Sterbehilfe" (Hilfe im Sterben) gesprochen im Zusammenhang mit der Situation unheilbar todkranker Menschen, die bereits an der Schwelle des Todes stehen und bei denen eine Besserung des Gesundheitszustandes aus menschlicher Sicht ausgeschlossen ist.
2. Andererseits kommt auch im Blick auf die Lebenssituation schwer beeinträchtigter Menschen (z. B. Patienten mit Locked-in-Syndrom[6], Menschen im Wachkoma[7], Demenzpatienten) häufig die Sterbehilfe (Hilfe zum Sterben) ins Gespräch.

---

[6] Das Locked-in-Syndrom bezeichnet einen Zustand, bei dem der Betroffene (durch Unfall oder Krankheit) vollständig gelähmt ist und weder durch Sprache noch durch Bewegungen mit seiner Umwelt kommunizieren kann. Er ist allerdings bei Bewusstsein, kann hören und verstehen. Durch vertikale Augenbewegungen ist ein Locked-in-Patient in der Lage, einen Computer zu bedienen („Augensteuerung"); damit wird eine Kommunikation möglich. Das Überleben des Patienten ist nur durch intensivmedizinische Maßnahmen wie Beatmung und künstliche Ernährung möglich.

[7] Wachkoma (Fachbegriff: „apallisches Syndrom"): Durch eine schwere Schädigung des Gehirns fällt die Funktion des Großhirns komplett aus; Hirnstamm- und Rückenmarksfunktionen bleiben weitestgehend erhalten. Die betroffenen Patienten können nicht mit ihrer Umwelt kommunizieren und sind höchstwahrscheinlich nicht bei Bewusstsein; grundlegende Körperfunktionen (Kreislauf, Verdauung, evtl. Atmung) sind nicht betroffen.

Außerdem gibt es zwei weitere Sichtweisen, die den gleichen Begriff „Sterbehilfe" für sich in Anspruch nehmen:

1. *Assistierter Suizid* (Selbstmord mit der Hilfe eines anderen Menschen): Ein Mensch beschließt aufgrund einer für ihn unerträglichen Situation, sein Leben selbst auszulöschen. Da er dazu körperlich nicht mehr in der Lage ist, bittet er einen anderen Menschen um Hilfe. Dies kann beispielsweise das Beschaffen und/oder Bereitstellen von Gift oder einem tödlich wirkenden Medikament sein. Mitunter wird dazu die Hilfe von sogenannten Sterbehilfe-Organisationen (vorzugsweise in der Schweiz, wo diese „Hilfe" nicht strafbar ist) in Anspruch genommen.
2. *Tötung auf Verlangen:* Ein Patient erwartet (in der Regel von einem Arzt) das aktive Verabreichen einer tödlichen Medikamentendosis. Diese Praxis ist in Deutschland verboten, aber beispielsweise in Belgien und in den Niederlanden bereits legal.

Ganz gleich, aus welchem Blickwinkel man das Thema „Sterbehilfe" betrachtet – immer ist eine ethisch-moralische Beurteilung notwendig. Niemand kann in dieser Hinsicht neutral bleiben. Gleichgültigkeit gegenüber dieser Fragestellung offenbart lediglich, dass man sich mit wesentlichen Fragen des Menschseins noch nicht auseinandergesetzt hat: Was ist das Leben? Was ist der Tod? Welchen Stellenwert hat Gott in meinem Leben?

Von Anfang an muss eines klargestellt werden: Das „Sterben auf Wunsch" und nach dem Willen des Menschen gehört definitiv nicht zu den Freiheiten, die Gott den Menschen zugesteht! Wer sich als Christ mit den Fragen im Grenzbereich zwischen Leben und Tod beschäftigt, darf die „Leitplanken" Gottes nicht außer Acht lassen.

Die Politik bemüht sich mehr und mehr um eine einheitliche und klar geregelte Sicht der Sterbehilfe, in den Medien ist der Widerhall enorm, und zahlreiche Kommentare zeigen eine erschreckende Unbekümmertheit. Immer wieder drehen sich die Diskussionen um Begriffe wie „Selbstbestimmung", „Lebensqualität" und „Menschenwürde".

Doch hat ein Mensch wirklich das Recht, über den Zeitpunkt und die Art des eigenen Todes zu entscheiden? Hat ein Angehöriger oder ein Arzt wirklich das Recht, den tatsächlichen oder vermutlichen Todeswunsch eines anderen Menschen zu unterstützen?

Alle diese Fragen münden letztendlich in die Frage nach einem allgemeingültigen Maßstab ein: Wer entscheidet, was richtig und was falsch ist?

Als Christen haben wir diesen allgemeingültigen Maßstab: das Wort Gottes, die Bibel. Gott allein entscheidet, was richtig und was falsch ist – und wir können seine göttliche Beurteilung aus der Bibel herauslesen.

Das Menschenbild als Fundament der Ethik

Das biblisch-christliche Menschenbild sieht den Menschen als Geschöpf und Ebenbild Gottes, dessen Leben und Sterben in der Hand des allmächtigen Schöpfers liegen. Dieses „traditionelle", christlich geprägte Menschenbild steht jedoch im Widerstreit mit dem „modernen" humanistischen Menschenbild, das den Menschen – losgelöst von Gott – nur aus sich selbst heraus verstehen will. Im gesellschaftlichen Kontext wird immer deutlicher, dass die biblische Sicht des Menschen mehr und mehr abgelehnt und von einem „toleranten" Atheismus beziehungsweise Agnostizismus verdrängt und abgelöst wird.

Während das Wort Gottes menschliches Leid, Krankheit und Tod als von Gott zugelassene Herausforderungen des Lebens begreift, die einen Menschen zu geistlichem Wachstum und zur Reife führen können, behauptet der Mensch ohne Gottesbindung nicht selten kurzerhand, Leiden und Schwäche seien grundsätzlich nicht mit der Würde des Menschen vereinbar. Ist Leiden im Sterben heutzutage wirklich unzumutbar? Mit welcher Berechtigung mischt der Mensch sich ein?

Die neue und allgemein verbreitete Beliebigkeit der postmodernen Ethik fragt in erster Linie: Was hilft mir? Was ist für mich richtig? Im Zusammenhang mit dem Tod fällt häufig das Stichwort „Patientenautonomie": Ich selbst entscheide, wie und/oder wann ich sterbe. Diese Autonomie wird als selbstverständliches Recht, als neuer absoluter Wert betrachtet, als Garant für die Menschenwürde.

Ist denn nur ein „selbstbestimmtes" Sterben ein „menschenwürdiges" Sterben? Wer definiert, wie man „richtig" stirbt?

Die Würde des Menschen stammt unmittelbar von Gott; denn er, der Schöpfer, verleiht seinem Geschöpf die unveräußerliche Würde. Doch Gott als Schöpfer und Erhalter des Lebens ist für viele Zeitgenossen nicht mehr als ein schönes Märchen ... Der moderne Mensch bastelt sich sein Weltbild lieber ohne Gott. In der Konsequenz bedeutet das: Auch die Menschenwürde will sich abkoppeln von der Souveränität Gottes. Der moderne Mensch will nicht zur „Marionette" Gottes - oder eines nicht näher definierten Schicksals - werden!

Nicht nur die eigene Persönlichkeit, sondern auch das jeweilige Menschenbild entscheidet, welche persönlichen Entscheidungen ich treffe.

Wer bei allen Lebensentscheidungen auf dem Fundament der Bibel steht und sich im Leben und im Tod vor Gott verantwortlich weiß, kann sich vermutlich gelassener mit allen Spielarten der medizinischen Hilfe auseinandersetzen als ein Mensch, der eine mögliche Entscheidungsgrundlage nur in sich selbst zu finden meint.

Die aktuelle Situation in Deutschland

Die ethisch-moralische Bewertung eines Sachverhalts stimmt nicht immer mit der juristischen Einschätzung überein. Zusammengefasst ergibt sich für die aktuelle Situation in Deutschland[8] folgende Sachlage:

Zurzeit (2013) gibt es in Deutschland keine gesetzlichen Vorgaben, die den Umgang mit den verschiedenen Facetten der Hilfe oder Assistenz vor und während des Sterbens allumfassend und eindeutig regeln.

Sowohl Politiker, Juristen und Mediziner als auch Vertreter der großen Kirchen und eine sogenannte Ethikkommission ringen seit Jahren um klare Regelungen - doch die Vorstellungen sind oft gegensätzlich.

In der kontrovers geführten öffentlichen Diskussion schimmert vielfach die Angst durch, in einer als ausweglos empfundenen Situation gegen den ausdrücklichen eigenen Willen „nicht selbstbestimmt sterben zu dürfen“. An dieser Stelle kommt häufig die sogenannte Patientenverfügung ins Gespräch als eine Möglichkeit, seine Vorstellungen vom eigenen Lebensende schon im Voraus festzulegen.

Grundsätzlich gilt aktuell in Deutschland:

---

[8] In anderen europäischen Staaten (Schweiz, Belgien, Luxemburg und Niederlande) gelten auch heute schon liberalere gesetzliche Vorgaben, die freizügiger mit den verschiedenen Ausprägungen der Sterbehilfe umgehen.

- Die „Beihilfe zur Selbsttötung“ (assistierter Suizid) bleibt straflos.
- Das Ausschalten von Maschinen (z. B. Beatmungsgeräten) bei einem Menschen im Sterbeprozess wird ebenfalls nicht strafrechtlich verfolgt, wenn der Betroffene selbst direkt oder durch eine Patientenverfügung dieses Vorgehen fordert.
- Die Verabreichung von stark wirksamen Medikamenten zur Schmerzbekämpfung (z. B. Morphium) im Endstadium einer tödlichen Krankheit ist nicht strafbar, selbst wenn diese Medikamentengabe den Eintritt des Todes beschleunigen kann.
- Die „aktive Sterbehilfe“, beispielsweise durch Verabreichen einer tödlich wirksamen Substanz, ist in Deutschland dagegen verboten, auch wenn der Sterbende ausdrücklich darum bittet.

Das jeweils gültige staatliche Gesetz und die sogenannte Selbstbestimmung des Menschen stehen nicht selten im Widerstreit miteinander. Der Staat hat zwar die Verpflichtung, das menschliche Leben zu schützen, am Anfang und am Ende des Lebens wollen jedoch viele Menschen ihr individuelles Persönlichkeitsrecht durchsetzen und sich in keiner Weise staatlich reglementieren lassen. Das gilt sowohl für die Abtreibungsdiskussion als auch für die Kontroversen im Zusammenhang mit der Sterbehilfe.

Für Ärzte und Angehörige todkranker Patienten ist es in der Regel eine Gratwanderung, sowohl den gesetzlichen Anforderungen als auch den menschlichen Bedürfnissen und Wünschen des Sterbenden gerecht zu werden. Nicht selten werden die umfangreichen medizinischen Möglichkeiten, die eine Hilfe sein sollten, zu einem Hemmschuh in einem sogenannten menschenwürdigen Sterbevorgang.

Viele Menschen haben Angst davor, durch medizinische lebensverlängernde Maßnahmen nicht „in Würde" sterben zu können oder zu dürfen. Sie haben Angst, in einem qualvollen und unerträglichen „Schwebezustand" zwischen Leben und Tod festzustecken, ein schmerzvolles Leiden auf unabsehbare Zeit ertragen zu müssen. Wie kann man helfen? Wer kann helfen?

Als Christen müssen wir noch einmal festhalten, dass weder ein individuelles selbst gebasteltes Menschenbild noch die staatlichen gesetzlichen Vorgaben in letzter Instanz alle diese Fragestellungen beurteilen, sondern Gott allein, der seinen Willen in der Bibel offenbart.

Hiob will sterben: das Verlangen nach dem Tod aus Sicht der Bibel

Die Bibel ist voller Berichte von Menschen aus den unterschiedlichsten Lebenssituationen. Eine enorme Palette vielfältiger Emotionen begleitet die Menschheit von Anbeginn und das Wort Gottes beschönigt kein Detail des menschlichen Lebens.

Auch vor Tausenden von Jahren drohten Menschen an ihren Lebensumständen zu zerbrechen.

Vor allem eine biblische Persönlichkeit ist nahezu zum Synonym für Leiden geworden: Hiob. Ein ganzes Buch der Bibel mit 42 Kapiteln entfaltet das schreckliche seelische und körperliche Leiden dieses Mannes, bis schließlich Gott eingreift und Hiobs schräge Gedanken über sich selbst und über Gott gerade rückt.

Hiob behält seine Verzweiflung nicht für sich. Er breitet sein Leid vor seinen Freunden aus, vor allem aber vor Gott selbst. Mit der Zeit muss er erkennen, dass seine Freunde ihm nicht weiterhelfen können – ganz im Gegenteil: Sie streiten mit ihm. Und Hiob versteht auch Gottes Handeln nicht. Er fühlt sich ungerecht behandelt, er ist zutiefst verzweifelt.

Hiob ist davon überzeugt, dass er sein Leben aus Gottes Hand empfangen hat. Doch in seinen tiefsten Qualen will er sein Leben „wegwerfen" und es in Gottes Hand zurückgeben. In seinen schweren körperlichen und seelischen Leiden bricht eine tief empfundene Sehnsucht nach dem Tod auf.

O dass sich doch meine Bitte erfüllte und Gott mein Verlangen gewährte!
Dass Gott sich dazu entschlösse, mich zu zertreten, dass er seine Hand abzöge und mich vernichtete! …
Was ist meine Kraft, dass ich warten, und was ist mein Ende, dass ich mich gedulden sollte? …
Ist es nicht so, dass keine eigene Hilfe in mir ist und jedes Gelingen aus mir vertrieben ist?

Hiob 6,8-9.11.13

Ich mag nicht mehr – nicht ewig will ich leben! Lass ab von mir! Meine Tage sind nur noch ein Hauch. …
Wie lange noch willst du nicht von mir wegblicken, nicht einmal solange von mir ablassen, bis ich meinen Speichel heruntergeschluckt habe?

Hiob 7,16.19

Wie verständlich ist die Todessehnsucht dieses schwer geprüften Mannes! Er hat alles verloren, was nach landläufigen Vorstellungen ein Menschenleben lebenswert macht: Alle seine Kinder sind umgekommen, sein gesamter Besitz ist verloren, seine Frau hat sich von ihm abgewandt, er ist gesundheitlich schwer angeschlagen und leidet entsetzlich unter dieser schlimmen Last – er muss sowohl körperliche als auch seelische Schmerzen ertragen.

Hiob kann nicht mehr; er ist am Ende seiner Kräfte. Er sieht keinen Sinn mehr darin weiterzuleben. Er *kann* nicht mehr, vor allem aber *will* er nicht mehr. Er ist völlig hilflos und sieht keine Perspektive mehr für seine Zukunft.

Hiob bestürmt Gott voller Verzweiflung, ihn sterben zu lassen. Er sieht sich nicht in der Lage, sein Leiden weiterhin geduldig zu ertragen. Er schildert Gott seine Hilflosigkeit, er fleht ihn an, den Qualen ein Ende zu machen.

Doch eines ist Hiob in seinem unermesslichen Leid vollkommen klar: Sein Leben gehört nicht ihm selbst, es liegt in Gottes Hand! Gott selbst hat die alleinige Verantwortung für Hiobs Leben. Der Herr hat ihn einst ins Leben gerufen und er wird ihn zum richtigen Zeitpunkt wieder aus dem Leben abberufen.

Hiob sehnt sich zwar mit allen Fasern seiner geschundenen Existenz nach dem Tod, aber es liegt außerhalb seiner Vorstellungskraft, den Tod selbst herbeizuführen. Selbstmord ist einfach keine Option für Hiob. Er bettelt demütig darum, sterben zu dürfen – doch er legt nicht selbst Hand an, und er bittet auch nicht seine Freunde darum, ihm zu helfen.

Hiob hält aus. Er erträgt sein Leiden nicht stoisch, geduldig und sanftmütig, sondern er verhandelt leidenschaftlich mit Gott – doch er hält aus.

Warum verhält sich Hiob so? Wieso scheint er nicht einmal an Selbstmord zu denken? Hätte er keine Möglichkeit dazu gehabt?

Selbstverständlich hätte er die Möglichkeit gehabt, sein irdisches Leben selbst zu beenden. Er sitzt verzweifelt im Staub, er kratzt sich mit einer Scherbe ein entsetzlich juckendes und entstellendes Ekzem. Und wenn er die Scherbe nun ein wenig anders ansetzt … wenn er am Hals oder an den Pulsadern kratzt … wenn …

Hiob tut es nicht. Warum?

Die Antwort liegt offenbar in Hiobs Verhältnis zu seinem Herrn und Gott. Hiob weiß sich mit seinem ganzen Leben, seiner ganzen Persönlichkeit und auch seinem vielfältigen Leid in der Hand Gottes. Seine Klagen – auch Gott gegenüber – offenbaren, dass er sich durchaus nicht ständig in der Hand Gottes geborgen fühlt, doch er akzeptiert vorbehaltlos die Souveränität Gottes über seine existenziellen Nöte, auch wenn er Gottes Wege nicht versteht und nicht klaglos akzeptieren will.

Hier liegt der Schlüssel zum biblischen Verständnis der Situation von schwer kranken und sterbenden Menschen: Die bedingungslose Anerkennung der Souveränität Gottes über mein komplettes Leben - von der Zeugung bis zum Tod - wird von der Bibel für jedes Kind Gottes vorausgesetzt. Ich darf Gott um Hilfe und Linderung anflehen, ich darf ihn sogar anklagen (wie viele Psalmen zeigen), doch ich darf nie die absolute Souveränität des Herrn über Leben und Tod in Abrede stellen!

Ist so viel Vertrauen in Grenzsituationen überhaupt möglich?

Wenn ich - wie Hiob - keine Hoffnung für dieses Leben mehr habe, wenn ich unendlich leide, wenn ich sterben will, weil ich endlich bei ihm in der Herrlichkeit sein möchte ... Wie kann ich dann noch vertrauensvoll alles in seine Hand legen?!

Menschlich gesehen ist eine solche Haltung kaum „machbar". Und gnädigerweise - dem Herrn sei Dank - wird dieser Kraftakt auch von keinem Menschen aus sich selbst heraus gefordert. Die Kraft, das eigene Leben und Sterben aus der Hand zu geben und sich ganz Gott anzuvertrauen, kommt aus dem Geist Gottes und ist die Folge einer persönlichen Beziehung zu Gott durch den Herrn Jesus Christus.

„Alles vermag ich in dem, der mich kräftigt" (Philipper 4,13), sagt Paulus.

Hier kann man ansetzen, wenn man persönliche Orientierung in den widerstreitenden Meinungen und Gefühlen zur Sterbehilfe-Debatte sucht.

2 Die Möglichkeiten der Medizin

Moderne Möglichkeiten der Intervention im Sterbeprozess

Medizinische Forschung, neuartige Medikamente und Medizintechnik haben in den vergangenen Jahrzehnten eine Fülle von Möglichkeiten entwickelt, um den Tod eines Menschen vorläufig zu verhindern beziehungsweise hinauszuzögern. Ein schwerer Unfall, eine unheilbare Krankheit bedeuten heutzutage nicht mehr zwangsläufig den unmittelbaren Tod des Betroffenen.

Lebensverlängernde Maßnahmen

Die Palette der Optionen eines Eingriffs in den „natürlichen" Ablauf ist vielfältig:

- *Reanimation nach Herz-Kreislauf-Stillstand („Herz-Lungen-Wiederbelebung"):* Infolge eines Atem- und Kreislaufstillstands, z. B. durch Unfall oder Herzinfarkt, werden lebenswichtige Organe nicht mehr mit Sauerstoff versorgt. Bei der Reanimation wird durch Atemspende und Herzdruckmassage (oder mithilfe eines Defibrillators) versucht, die Atem- und Herztätigkeit wieder in Gang zu bringen. Die Reanimation zählt zu den lebensrettenden Maßnahmen in einer akut lebensbedrohenden Situation; der Einsatz der Herz-Lungen-Wiederbelebung bei Patienten im Endstadium einer tödlichen Krankheit ist deshalb umstritten. Wird das Gehirn bei einem Herz-Kreislauf-Stillstand nicht ausreichend mit Sauerstoff versorgt, kann es auch nach erfolgreicher Reanimation zu massiven unumkehrbaren Hirnschädigungen kommen (z. B. Lähmungen, Wachkoma).

- *Antibiotikatherapie* (z. B. bei Lungenentzündung): Bei schweren Erkrankungen mit allgemeiner Schwäche auch des Immunsystems – häufig bei bettlägerigen Patienten – tritt nicht selten eine Infektion auf, die durch Antibiotikagabe in der Regel gut behandelbar ist. Diese Therapie zielt nicht primär auf eine Lebensverlängerung, sondern auf die Heilung einer akuten, potenziell lebensbedrohlichen Infektion.
- *Dialyse bei Nierenversagen:* Für Patienten mit akutem Nierenversagen oder chronischen schweren Nierenfunktionsstörungen gibt es die Möglichkeit der maschinellen „Blutwäsche". Diese Therapie ist lebenserhaltend und muss in der Regel mindestens dreimal pro Woche ausgeführt werden.
- *maschinelle Beatmung:* Bei Patienten mit Atemschwäche und/oder Luftnot kann die lebensnot-

wendige Sauerstoffversorgung künstlich aufrechterhalten werden. Man unterscheidet dabei zwei Beatmungsarten:

1. Nicht-invasive Beatmung (Maskenbeatmung): Mithilfe einer Nasenmaske wird dem Patienten Atemluft mit einem vom Arzt festgelegten Beatmungsdruck in die Lunge gepresst. In der Regel überlässt die assistierende Beatmung (Atemunterstützung) dem Betroffenen selbst weiterhin seinen eigenen Atemrhythmus. Diese Art der Beatmung kann lange Zeit aufrechterhalten, aber auch jederzeit durch Abnehmen der Atemmaske unterbrochen beziehungsweise beendet werden.
2. Invasive Beatmung durch ein Tracheostoma: Im Rahmen eines operativen Eingriffs („Luftröhrenschnitt") wird am Hals des Patienten ein Zugang zur Luftröhre gelegt. Dadurch kann ein dünner Schlauch (Trachealkanüle), verbunden mit einem Beatmungsgerät, den Patienten mit Atemluft und bei Bedarf mit zusätzlichem Sauerstoff versorgen. Der Patient hat keinerlei Einfluss mehr auf seine Atmung. Das Sprechen mit Trachealkanüle ist stark eingeschränkt beziehungsweise unmöglich.

- *künstliche Ernährung:* Personen, die nicht mehr essen beziehungsweise schlucken können (z. B. durch Lähmungen, Demenz), kann man mit verschiedenen Techniken die lebensnotwendigen Nährstoffe, Wasser und Medikamente zukommen lassen:

1. Nasensonde: Ein dünner Schlauch wird durch Nase, Rachen und Speiseröhre bis in den Magen gelegt. Die dünnflüssige Nahrung kann dann mithilfe einer Spritze verabreicht werden. Eine (zusätzliche) normale Nahrungsaufnahme durch den Mund ist bei liegender Sonde nicht möglich. Die Ernährung durch die Nasensonde erfolgt in der Regel nur vorübergehend und kann durch das Ziehen des Schlauchs jederzeit beendet werden.
2. PEG-Magensonde: Bei einem operativen Eingriff wird die Magensonde unmittelbar durch die Bauchdecke in den Magen eingebracht und fixiert. Die Spezialnahrung wird in der Regel kontinuierlich mithilfe eines speziellen Geräts durch den Schlauch verabreicht. Diese Art der künstlichen Ernährung kann über lange Zeit erfolgen. Der Patient kann auch weiterhin – falls keine Schluckstörungen vorliegen – zusätzlich nach Belieben essen und trinken.
3. Infusion: Diese Methode der apparativen Nährstoffzufuhr umgeht den Verdauungstrakt, indem die Nährstofflösung durch eine Infusion direkt in eine Vene verabreicht wird. Die Dauer der künstlichen Ernährung mithilfe einer Infusion ist meist zeitlich

begrenzt. Eine zusätzliche orale Nahrungsaufnahme ist möglich.

Die meisten Menschen wehren sich entschieden gegen die Vorstellung, am Ende ihres Lebens „nur noch an vielen Schläuchen zu hängen". Manche Errungenschaften der Medizintechnik, die eine große Hilfe sein können, rufen Ängste hervor. Was ursprünglich als lebensrettende oder lebenserhaltende Therapie gedacht war, ist in den Augen vieler Zeitgenossen ein Schreckensbild, weil die intensivmedizinischen Therapien (zumindest für eine gewisse Zeit) „nur" das Sterben verhindern - doch um welchen Preis?

Die medizinischen Maßnahmen sind in sich wertneutral. Von großer Bedeutung ist tatsächlich in jedem Fall die Frage, in welcher Situation die jeweiligen Möglichkeiten der Medizin in Anspruch genommen werden.

Ein junges Unfallopfer ist nach seiner Genesung dankbar für die Reanimation und die vielen Monate auf der Intensivstation mit „Apparatemedizin": Operationen, maschinelle Beatmung und künstliche Ernährung. Trotz der lebensbedrohlichen Situation durch einen Unfall kann dieser Mensch nach der Entlassung aus dem Krankenhaus vorerst weiterleben und neue Pläne schmieden.

Ein Mensch im Endstadium einer tödlichen Erkrankung sieht sich hingegen durch die Anwendung der gleichen medizinischen Technik am Sterben gehindert; es gibt für ihn keinerlei Aussicht auf Heilung und keine Alternative zu diesem Leben in der Abhängigkeit von medizinischen Apparaturen.

Eines bleibt jedoch auch bei der Anwendung modernster medizinischer Möglichkeiten unumstritten: Kein Arzt, keine Medizintechnik, kein noch so ausgeklügeltes Behandlungsverfahren ist in der Lage, die Macht des Todes dauerhaft außer Kraft zu setzen. Auch bei bester Behandlung sterben Menschen - und sie sterben am Willen Gottes, der immer noch jedes einzelne menschliche Leben in der Hand hält! Umgekehrt kann Gott selbstverständlich auch einen Menschen am Leben erhalten, dessen Krankheit oder Verletzung die Mediziner nicht „in den Griff bekommen" können. Es steht auch im 21. Jahrhundert außer Frage: Der Gott der Bibel ist ein allmächtiger Gott!

Passive, indirekte und aktive Sterbehilfe

Das bewusste Unterlassen der oben genannten lebensrettenden beziehungsweise lebenserhaltenden Maßnahmen in einem akuten Notfall - beispielsweise bei Unfall, Herzinfarkt oder Schlaganfall - ist als unterlassene Hilfeleistung strafbar.

Befindet sich allerdings ein Patient im Endstadium einer tödlichen Erkrankung, ist ein „Therapieabbruch" beziehungsweise eine Änderung des Therapieziels möglich: Statt Heilung beabsichtigt die Therapie nunmehr „lediglich" die Linderung von Schmerzen und Ängsten. Diese Art der Therapieänderung – das Unterlassen weiterer Maßnahmen – bezeichnet man als passive Sterbehilfe, die in dieser Form in Deutschland nicht strafbar ist.

Zur Unterscheidung zwischen dem Straftatbestand „unterlassene Hilfeleistung" und dem legalen Unterlassen beziehungsweise Abbrechen einer begonnenen Therapie wird in der Regel der eindeutige und klar geäußerte Wille des Betroffenen herangezogen: Wenn er im Vorfeld schriftlich in einer Patientenverfügung festlegt, welche Therapie er im Ernstfall wünscht beziehungsweise nicht wünscht, ist der Mediziner nach aktueller deutscher Rechtsprechung daran gebunden.

Werden im Endstadium einer tödlichen Erkrankung im Sterbeprozess stark wirksame Schmerzmedikamente oder Beruhigungsmittel verabreicht, die unter Umständen eine Beschleunigung des Sterbevorgangs bewirken können, so spricht man von indirekter Sterbehilfe, die ebenfalls straffrei ist.

Als aktive Sterbehilfe bezeichnet man die Verabreichung tödlich wirkender Substanzen, die in Deutschland strafrechtlich verfolgt wird.

Ärzte, Pflegepersonal, Angehörige und natürlich vor allem der betroffene Mensch selbst stehen in einem Spannungsfeld: Kann und will man den Tod herbeiführen, zulassen oder das Leben verlängern?

Entscheidend bei der Begleitung eines Menschen an der Schwelle des Todes ist jedoch weniger die medizinisch-technische Ausstattung als vielmehr die menschliche Zuwendung.

Niemand wünscht sich eine Maschine als Gefährten für die letzte Wegstrecke.

Palliativmedizin

Seit einigen Jahren hat sich ein Begriff in der Medizin etabliert, der bei der medizinischen Versorgung und pflegerischen Betreuung von Sterbenden eine große Rolle spielt: Palliativmedizin.

Unter Palliativmedizin versteht man gemäß der Definition der Weltgesundheitsorganisation und der Deutschen Gesellschaft für Palliativmedizin ...

„... die aktive ganzheitliche Behandlung von Patienten mit einer voranschreitenden, weit fortgeschrittenen Erkrankung und einer begrenzten Lebenserwartung zu der Zeit, in der die Erkrankung nicht mehr auf eine kurative Behandlung anspricht und die Beherrschung von Schmerzen, anderen Krankheitsbeschwerden, psychischen, sozialen und spirituellen Problemen höchste Priorität besitzt." Im Mittelpunkt der Behandlung steht nicht die Lebensverlängerung, sondern das Ziel, der betroffenen Person das größtmögliche Maß an Lebensqualität zu erhalten, indem körperliche Beschwerden bestmöglich gelindert und, soweit möglich und von der betroffenen Person gewünscht, auch die psychischen, sozialen und spirituellen Aspekte berücksichtigt werden. Zur Palliativmedizin gehören daher gleichwertig die medizinische Behandlung, menschliche, ärztliche, pflegerische und psychosoziale Begleitung.[9]

Der Begriff „Palliativmedizin" geht auf das lateinische Wort *palliare* zurück, was so viel bedeutet wie

9 Quelle: http://www.ethikrat.org

„mit einem Mantel bedecken, in einen Mantel einhüllen". Das ist ein einprägsames Bild für die liebevolle Hilfe, die im Idealfall mit der Anwendung der Palliativmedizin verbunden ist.

Üblicherweise hat die Medizin das Ziel, Menschen zu heilen; wenn möglich, das Leben eines kranken Menschen zu verlängern und ihm zu helfen, gegen den Tod anzukämpfen. Das entspricht auch der Fürsorgepflicht des Arztes gegenüber seinem Patienten.

In der Palliativmedizin hingegen geht es um Linderung von Schmerzen, Ängsten und anderen Beschwernissen im Sterbeprozess. Es wird nicht mehr die Krankheit als solche behandelt, sondern nur noch die Symptome.

Während die Medizin um die Heilung des Kranken kämpft, begleitet die Palliativmedizin den sterbenden Menschen bis zum Tod und akzeptiert die Endlichkeit des menschlichen Lebens. Das bedeutet unter Umständen Therapiebegrenzung oder Abbruch einer sinnlos gewordenen, auf Heilung ausgerichteten Behandlung. Die Akzeptanz des Todes bedeutet, dass die Palliativmedizin einen Menschen auch „sterben lassen" kann.

Durch diese Sicht ist eine umfassende, nicht nur medizinische Betreuung des Sterbenden möglich. Hier sind nicht in erster Linie Ärzte oder medizinisches Fachpersonal gefragt, sondern die Angehörigen und Freunde. Im Idealfall hat der todkranke Mensch seine engsten Vertrauten um sich, die sich um ihn kümmern, ihn pflegen und bis zum Schluss begleiten. Dadurch erfährt ein

Mensch im Übergang zwischen Leben und Tod liebevolle Unterstützung im Aushalten des Sterbevorgangs und es wird sowohl ihm als auch seinen Angehörigen ein bewusster Abschied ermöglicht.

Medizinische Möglichkeiten der Linderung

Das Ende des irdischen Lebens kommt früher oder später für jeden Menschen; auch die intensivsten medizinischen Bemühungen können nichts daran ändern. Doch wann ist im Einzelfall der richtige Zeitpunkt, die auf Heilung zielende Behandlung einer Krankheit (z. B. die Chemotherapie bei einer weit fortgeschrittenen Krebserkrankung) abzubrechen und den Schwerpunkt auf lindernde Maßnahmen zu verlagern? Diese Entscheidung kann der Arzt nur in Absprache mit dem Betroffenen und den Angehörigen treffen.

Im Zuge einer solchen „Änderung des Therapieziels" von Heilung auf Linderung können möglicherweise bisher verabreichte Medikamente in ihrer Dosis reduziert oder ganz abgesetzt werden; das kann z. B. Medikamente gegen Bluthochdruck oder Diabetes betreffen.

Stattdessen liegt das Hauptaugenmerk in der Versorgung eines sterbenden Menschen bei der Behandlung von Symptomen wie Schmerzen, Atemnot, Koliken (bisweilen hervorgerufen durch die natürliche Verringerung der Verdauungstätigkeit im Sterbeprozess), Übelkeit, Erbrechen, Fieber oder auch Angst, Unruhe und Panik.

Zur Behandlung von Schmerzen und Atemnot kommt häufig Morphin oder ein anderes stark wirksames Schmerzmittel zum Einsatz; auch fiebersenkende Maßnahmen und Substanzen gegen Übelkeit und Erbrechen können das subjektive Befinden des Sterbenden verbessern. Manchmal hilft die sorgfältig dosierte Gabe von Sauerstoff bei der Bekämpfung einer als bedrohlich empfundenen Atemnot. Der behandelnde Arzt kann außerdem Angst lösende und dämpfende Medikamente (Beruhigungsmittel) verabreichen. Alle diese Medikamente müssen von einem Mediziner verordnet werden, der auch die Dosierung festlegt.

Das Pflegepersonal beziehungsweise die Angehörigen des Patienten können dem sterbenden Menschen helfen, mit den körperlichen Symptomen des nahenden Todes umzugehen, indem sie ihm z. B. helfen, seine Lage im Bett zu verändern, ihm bei Kältegefühl eine Wärmflasche beschaffen oder bei starkem Schwitzen den Körper mit kühlem Wasser abwaschen.

Menschen im Sterbevorgang leiden meist nicht mehr an Hunger und Durst. Oft ist es jedoch eine große Hilfe, bei trockenem Mund - z. B. durch eine angestrengte Atmung durch den Mund oder bei Infektionen der Mundschleimhaut - die Lippen, manchmal auch Mundraum und Rachen, mit Wasser oder Saft zu benetzen.

Infusionen, die das Austrocknen des Körpers verhindern sollen, lindern das unangenehme Gefühl der Mundtrockenheit nicht; wird der Organismus allerdings auf diese Weise mit Flüssigkeit versorgt, kann das den Sterbeprozess unter Umständen in die Länge ziehen. Aus diesem Grund wird in der Palliativmedizin meist auf Infusionen verzichtet.

Angstgefühle werden nicht selten bei sterbenden Menschen wie andere (körperliche) Symptome behandelt: mit Medikamenten. Es gibt zahlreiche hochwirksame Arzneimittel, die Angst, Panik oder Unruhe durch bestimmte chemische Substanzen dämpfen - der Patient wird damit „beruhigt" und in einen äußerlich gefassten Zustand versetzt. Doch die Frage drängt sich auf: Hilft es den Menschen wirklich, wenn die Angst vor dem letzten Schritt, vor der Ungewissheit einfach chemisch verschüttet wird? Ein Mensch, der bewusst im Frieden mit Gott stirbt, benötigt im Allgemeinen kein Medikament gegen quälende Ängste und Zweifel. Er kann der Begegnung mit seinem Herrn mit Gelassenheit entgegensehen.

Sterben im Hospiz

Die meisten Menschen - Umfragen zufolge rund dreiviertel der Befragten - haben den Wunsch, zu Hause, in ihrem vertrauten Umfeld, zu sterben. Die Realität in Deutschland sieht heutzutage anders aus: Nur 25 % der Menschen sterben in ihrer häuslichen Umgebung, ungefähr 70 % der Sterbefälle ereignen sich im Krankenhaus, im Pflegeheim oder in einem Hospiz.

Ein Krankenhaus ist grundsätzlich für die Heilung kranker Menschen zuständig; ein Pflegeheim ist (im Idealfall) ein Haus, in dem ein alter Mensch wohnen kann und versorgt und betreut wird. Wenn Menschen im Krankenhaus oder im Pflegeheim sterben, so geht das Leben um sie herum einfach weiter, denn noch viele Lebende müssen geheilt oder versorgt werden. Das Personal ist in zahlreiche Verpflichtungen eingebunden; der Tod ist nur eine Facette im Tagesablauf einer solchen Einrichtung.

Der Wunsch, zu Hause zu sterben, scheitert oft an den häuslichen Gegebenheiten: Viele alte und kranke Menschen leben allein, Kinder und andere Verwandte sind weit weg. Andererseits fühlen sich Angehörige mit der Aufgabe, einen geliebten Menschen ohne „professionelle" Hilfe bis an die Schwelle des Todes zu begleiten, auch nicht selten überfordert.

Aus diesem Dilemma heraus entstand - nach dem Vorbild der mittelalterlichen Hospize als Zufluchtsort für mittellose alte, kranke und sterbende Personen - die moderne Hospizbewegung. Ein Hospiz kann als vernünftiger Kompromiss für den sterbenden Menschen und seine Angehörigen gesehen werden, wenn das Sterben zu Hause nicht möglich ist.

Das Hospiz als neuzeitliche Institution ist noch relativ neu. Erste Überlegungen dazu gab es in den 1960er-Jahren in England - wegweisend war hier die Arbeit von Cicely Saunders. In den 1970er-Jahren griff die bekannte Psychiaterin und „Sterbeforscherin“ Elisabeth Kübler-Ross in den USA diesen Gedanken auf und entwickelte die medizinischen und weltanschaulichen Grundlagen der Hospizbewegung.

Die erste deutsche Station für Palliativmedizin wurde 1983 an der Uniklinik Köln eingerichtet; das erste deutsche stationäre Hospiz entstand 1986 in Aachen. Während eine Palliativstation an ein Krankenhaus angegliedert ist und jederzeit alle medizinischen und personellen Möglichkeiten des Krankenhauses in Anspruch nehmen kann, versteht sich ein stationäres Hospiz als Schutzraum, als menschlicher und quasi privater Zufluchtsort für einen sterbenden Menschen, als vorübergehendes Zuhause. (Die Patienten kommen erst in der allerletzten Lebensphase ins Hospiz; daher sind die meisten Menschen nur einige Tage bis wenige Wochen dort; ein längerer Aufenthalt ist grundsätzlich nicht möglich.)

Ärztliche und pflegerische Hilfe können in einem Hospiz in Anspruch genommen werden, als ob man sich in der eigenen Wohnung befände, z. B. durch den eigenen Hausarzt und durch Angehörige. Zusätzlich bietet das Hospiz die Möglichkeit der Pflege und Unterstützung durch kompetente Pflegekräfte.

Mittlerweile gibt es in ganz Deutschland zahlreiche eigenständige Hospize beziehungsweise Palliativstationen in den Krankenhäusern. Das Sterben im Hospiz hat sich für viele Menschen als gute Alternative zum „anonymen Sterben" in einer Heil- oder Pflegeeinrichtung erwiesen.

Die Hospizbewegung lehnt die aktive Sterbehilfe strikt ab. Sie stellt sich eine besondere, aber auch begrenzte Aufgabe: Der todkranke Mensch soll die Möglichkeit bekommen, sich in einer ruhigen und harmonischen Umgebung, in einem „eigenen" freundlich und wohnlich eingerichteten Zimmer von seinem Leben, seinen liebsten Menschen und der Welt zu verabschieden, ohne sich selbst um den äußerlichen Rahmen dieses letzten Abschieds kümmern zu müssen. Die sterbenden Menschen werden mit allen Möglichkeiten der Palliativmedizin umfassend versorgt, und auch die Angehörigen können in ihrer Hilflosigkeit und Trauer begleitet werden.

Diese Aufgabe kann nicht vom angestellten Personal allein bewältigt werden; deshalb gehören in einem Hospiz in aller Regel auch ehrenamtliche Mitarbeiter zum Team. Häufig übernehmen auch Bezugspersonen und Angehörige des Sterbenden die Aufgabe, einen Menschen auf seiner letzten Wegstrecke vor der Begegnung mit dem lebendigen Gott zu begleiten. Der Sterbende wird nicht allein gelassen; er kann körperliche Hilfe und seelischen Beistand bekommen.

Eine Mischform zwischen dem „privaten" Sterben zu Hause und dem Sterben in einem stationären Hospiz ist die ambulante Hospizarbeit. Notwendige Medikamente werden vom Hausarzt verordnet beziehungsweise verabreicht, eine Pflegekraft kann (zumindest stundenweise) die Angehörigen entlasten, und geschulte ehrenamtliche Hospizhelfer stehen dem todkranken Menschen und seiner Familie vor und während des Sterbens bei und sind meist auch nach dem Sterbefall noch für die Angehörigen da. Diese Art der Hilfe kann die Situation zu Hause für den Patienten und seine Familie entspannen.

Die Idee einer solchen individuellen Sterbebegleitung entspricht in weiten Teilen den Gedanken der christlichen Nächstenliebe. Die Hospizbewegung selbst steht jedoch nicht auf einem bewusst christlichen Fundament.

Zwar bieten die meisten Hospize die Möglichkeit der „geistlichen Begleitung" an – häufig durch Theologen der großen christlichen Konfessionen –, doch geschieht das leider nur selten auf ausdrücklich biblischer Basis.

Die ehrenamtlichen Hospizhelfer sind verpflichtet, im Zusammenhang mit ihrem Engagement an verschiedenen Seminaren und Kursen teilzunehmen. In diesen Fortbildungen wird in aller Regel erwartet, dass die ehrenamtlichen Mitarbeiter eine in religiöser Hinsicht völlige Offenheit an den Tag legen und weltanschaulichen Fragen mit unbedingter Toleranz begegnen. Eine eigene feste biblische Überzeugung darf der Hospizhelfer dementsprechend nicht an den sterbenden Menschen oder seine Angehörigen weitergeben, weil dadurch der als unverzichtbar betrachtete Konsens aller Mitarbeiter gefährdet werden könnte.

Der sterbende Mensch und seine Angehörigen sollten sich also darüber im Klaren sein, dass sie geistliche Hilfe im Sinne biblischer Seelsorge in einem Hospiz nicht unbedingt erwarten können. Durch die große Offenheit dieser Einrichtungen ist es jedoch in aller Regel problemlos möglich, seelsorgerlichen Beistand aus dem eigenen Lebensumfeld auch während der letzten Lebenstage im Hospiz zu bekommen.

3 Recht und Gesetz

Unermessliches Leid – wie gehen wir damit um?

Es ist eine allseits bekannte nüchterne Tatsache: Das Leben ist früher oder später unwiderruflich zu Ende. Jeder Mensch muss den Tod letztlich als unabänderliches „Schicksal“ akzeptieren.

Früher war dieser Gedanke auch hierzulande selbstverständlich. Heute, in der westlichen Welt des 21. Jahrhunderts, sehen viele Menschen den Tod allerdings nur noch als ein Thema der Medizin. Man meint, selbst beim eigenen Lebensende noch ein Mitspracherecht, eine Entscheidungsmöglichkeit zu haben, und zwar sowohl im Hinblick auf eine mögliche Verlängerung der Lebenszeit als auch in Bezug auf einen „selbstbestimmten Tod“.

Immer wieder erschüttern Medienberichte über grauenvolle menschliche Schicksale Zeitungsleser und Fernsehzuschauer. Unermessliches Leid rüttelt die Menschen auf und bringt sie zum Nachdenken.

Da ist z. B. Frau K., Ende 40, verheiratet, eine erwachsene Tochter. Frau K. steht mitten im Leben, ist sportlich und gesund – bis zu jenem verhängnisvollen Unfall. Aus ungeklärter Ursache stürzt sie so unglücklich, dass sie als Folge davon vom Hals an abwärts gelähmt ist. Sie wird zum Pflegefall, muss künstlich beatmet und ernährt werden. Nach einigen Jahren eines als qualvoll empfundenen Lebens entschließt sie sich in Absprache mit ihrer Familie zum Selbstmord. Sie beantragt beim Bundesinstitut für Arzneimittel und Medizinprodukte die legale Beschaffung einer tödlich wirkenden Substanz; dieser Antrag wird jedoch abgelehnt. Frau K. sieht sich daraufhin gezwungen, in die Schweiz zu fahren, um „Sterbehilfe" in Anspruch zu nehmen, die dort – auch für Ausländer – nicht verboten ist. Sie nimmt selbst mithilfe eines Strohhalms die tödliche Dosis zu sich und stirbt daraufhin im Beisein ihrer Angehörigen.

Der Fall wird publik, weil der Witwer im Nachhinein (im November 2010) vor dem Europäischen Gerichtshof für Menschenrechte das Recht seiner Frau auf legalen Erwerb eines tödlichen Medikaments erstreiten will. Doch dieser Streitpunkt bleibt letztlich ungeklärt, die Entscheidung des Gerichts dreht sich nur um verfahrenstechnische Gesichtspunkte.

Ein weiteres Beispiel: Herr E., 71 Jahre alt, erleidet einen Schlaganfall, fällt kurz darauf ins Wachkoma[10]. Sein Bewusstsein ist – höchstwahrscheinlich – erloschen, die körperlichen Funktionen wie Kreislauf, Atmung und Verdauung sind allerdings noch

---

[10] Siehe Anmerkung auf S. 20

intakt. Herr E. wird in einem Pflegeheim versorgt; sein Sohn drängt darauf, die künstliche Ernährung mittels PEG-Sonde zu beenden. Da das Pflegeheim sich diesem Wunsch verweigern muss - es liegt keine Patientenverfügung oder Willenserklärung von Herrn E. persönlich vor -, beschließt der Sohn, selbst aktiv zu werden. Bei einem Besuch erstickt er seinen Vater mit einem Kissen, um ihn von seinem unerträglichen Schicksal zu erlösen.

Der Sohn wird von einem deutschen Gericht wegen vorsätzlicher Tötung zu einer mehrjährigen Haftstrafe verurteilt.

Ein wenig anders ist die Sachlage bei Markus F., 23 Jahre alt. Markus leidet, bedingt durch eine Genmutation, seit dem Kleinkindalter unter schwersten körperlichen Beeinträchtigungen: eine allgemeine Schwäche der Muskulatur führt dazu, dass sein Körper deformiert ist. Markus ist rund um die Uhr pflegebedürftig und kann sich nur in einem Spezialrollstuhl fortbewegen. Durch den Abbau der Muskulatur bedingte Herzprobleme und Atemschwierigkeiten prägen zusätzlich seinen Alltag. Markus ist sich seiner Situation völlig bewusst und leidet mit zunehmendem Alter immer stärker unter der Abhängigkeit von Eltern, Pflegekräften und Maschinen. Sein Leben erscheint ihm sinnlos und quälend, und er fleht seine Mutter wiederholt an, ihn endgültig aus dieser Zwangslage zu befreien. Die Mutter, selbst am Ende ihrer Kräfte, verabreicht ihrem Sohn schließlich ein Schlafmittel sowie eine starke Überdosis seiner Herzmedikamente, sodass er stirbt.

Die Mutter muss eine Haftstrafe verbüßen.

Die dargestellten Einzelschicksale sind für alle Beteiligten eine große Herausforderung, das steht außer Zweifel. Die meisten Menschen empfinden tiefes Mitleid mit den schwer leidenden Kranken und ihren Angehörigen.

Doch sowohl in der Berichterstattung als auch in den zahlreichen privaten Kommentaren von Lesern spiegelt sich immer wieder ein Muster: Wie kann eine Regierung Gesetze erlassen, eine Rechtsprechung Urteile verkünden, die Menschen ins Gefängnis bringt - obwohl diese Menschen doch nur ihren liebsten Angehörigen weitere Qualen ersparen wollten? Ist das nicht grenzenlos unmenschlich, arrogant und herzlos? Keiner möchte selbst in einer solchen Situation stecken - weder als Betroffener noch als Angehöriger - und so ist das Mitgefühl mit den Beteiligten überwältigend. Viele Fragen werden aufgeworfen.

Gibt es ein Menschenrecht, einen Rechtsanspruch auf ein tödlich wirkendes Medikament?

Kann und darf man einen anderen Menschen zum Weiterleben unter nahezu unmenschlichen Bedingungen „verurteilen"?

Gibt es nur ein *Recht* auf Leben oder auch eine *Pflicht* zum Leben?

Wenn man den zahlreichen Umfragen zum Thema „Sterbehilfe" Glauben schenken kann, so befürworten mittlerweile rund 80 % der erwachsenen deutschen Bevölkerung die Freigabe der Sterbehilfe - und das gilt für alle Arten der Sterbehilfe, auch für die aktive Verabreichung tödlich wirkender

Medikamente. Politik und Gesetzgebung sehen das zurzeit noch anders und pochen auf den gesetzlich verankerten Schutz des Lebens. Die Diskussion in der Öffentlichkeit wird jedoch leidenschaftlich und emotional geführt und das „Recht auf Selbstbestimmung“ scheint zum höchsten Rechtsgut überhaupt geworden zu sein. In der Öffentlichkeit herrscht die Meinung vor, dass „Menschenwürde“ und „Mitmenschlichkeit“ es gebieten, schwer leidenden Menschen ohne jegliche „Lebensqualität“ ihr Schicksal zu erleichtern und ihnen einen raschen und schmerzlosen Tod zu ermöglichen. Das subjektive Nicht-mehr-ertragen-Können von unermesslichem Leid dient als Legitimation zur „selbstbestimmten“ Tötung eines Menschen - aus echtem, tief empfundenen Mitleid.

Verzweiflung am Leben – oder Mut zur Hoffnung?

In der Berichterstattung über leidende, schwer kranke Menschen ohne jeden Lebensmut drängt sich häufig der Eindruck auf, die erlebten Qualen seien aufgrund der Lebenssituation unausweichlich und führten zwangsläufig zu dem - legal kaum erfüllbaren - Todeswunsch. Eine Schlussfolgerung scheint unumstößlich: Wer ein solches Schicksal erleiden muss, kann nichts anderes mehr wollen als nur den Tod.

Doch ist das wirklich so? Es gibt zahlreiche, auch öffentlich bekannte Gegenbeispiele.

Im Alter von 23 Jahren stürzt der durchtrainierte Turner Samuel Koch im Dezember 2010 bei einem Unfall in der Fernsehshow „Wetten, dass ...?" so schwer, dass er seitdem vom Hals ab querschnittsgelähmt ist. Bewegungsunfähig, pflegebedürftig - ein rundum bedauernswerter Mensch? Alle Zukunftsperspektiven scheinen endgültig zerschlagen zu sein; alles, was das Leben für einen jungen Menschen lebenswert machen kann, scheint plötzlich in unerreichbare Ferne zu rücken. Nichts ist mehr selbstverständlich. Trotzdem will der gläubige Christ Samuel Koch nicht aufgeben. Er setzt sich mit seiner vollkommen veränderten Lebensperspektive auseinander; er sucht und findet neue Wege zu einem sinnerfüllten Leben – trotz schwerer Beeinträchtigung. Über den Weg von seinem „alten Leben" zu seinem „neuen Leben" schreibt er ein Buch, das die Kämpfe und die zwischenzeitliche Verzweiflung nicht verleugnet, aber auch die Hoffnung auf eine sinnerfüllte Zukunft durchscheinen lässt.[11]

Im Juni 2011 ging der bekannte Liedermacher Reinhard Mey mit einer schockierenden Information aus seinem Privatleben bewusst an die Öffentlichkeit: In einem Fernsehinterview sprach er davon, dass sein Sohn Maximilian im März 2009 im Alter von 27 Jahren nach einer verschleppten Lungenentzündung ins Wachkoma gefallen sei. Eine solche unvorhersehbare Tragödie, die ganz plötzlich das Leben der ganzen Familie aus der Bahn

---

[11] Samuel Koch: „Zwei Leben", Adeo Verlag 2012

wirft, hinterlässt bei jedem Betroffenen Spuren. Reinhard Mey hat seinem Sohn ein Lied gewidmet: „Drachenblut". Darin heißt es unter anderem:

Ein Lidschlag nur, ein Augen-Blick,
ein Zeichen ist geblieben,
Und die Entschlossenheit,
dich in die Welt zurückzulieben.
...
Erschöpft von so viel Schmerzen,
ruh dich aus, lass es geschehn.
Ich bleib bei dir,
ich setze mich an deiner Seite nieder.[12]

Tiefe Trauer über das, was unwiederbringlich verloren scheint, schwingt in den zarten Sätzen mit – doch auch die Entschlossenheit, diese Situation auszuhalten. Nicht zuletzt zeigt sich eine verhaltene Hoffnung und der Mut, trotz schlechter Prognose nicht aufzugeben und vorbehaltlos für den Sohn da zu sein.

Der weltbekannte britische Astrophysiker Stephen Hawking, geboren 1942, erkrankte 1963 an einer Form der neuromuskulären Erkrankung ALS. Der 21-jährige hochbegabte Student sah nach der Prognose der Ärzte ein relativ kurzes qualvolles Siechtum vor sich, das ihn nach und nach aller Muskelfunktionen inklusive Atmung und Sprechfähigkeit berauben würde. Er entschloss sich trotz

[12] Reinhard Mey: Titel „Drachenblut" aus dem Album „Gib mir Musik!", 2012

der unheilvollen Diagnose zum weiteren Studium und machte in den folgenden Jahrzehnten eine atemberaubende wissenschaftliche Karriere. Seine Krankheit schritt nur relativ langsam fort, doch ist er seit 1968 auf den Rollstuhl angewiesen und körperlich völlig hilflos; seit dem Jahr 1985 ist er nach einem Luftröhrenschnitt zur invasiven Beatmung außerdem nicht mehr in der Lage zu sprechen. Mithilfe eines Sprachcomputers, der mit Augenbewegungen gesteuert wird, kann er sich dennoch verständigen. Noch immer ist der mittlerweile 71-Jährige mit dem eisernen Willen wissenschaftlich aktiv.

Objektiv und von außen betrachtet ähneln sich die Schicksale sehr - ein Unfall, eine Krankheit, eine Lebenssituation jenseits aller „Normalität". Doch was der eine Mensch als unzumutbar empfindet, ist für den anderen eine Herausforderung, alle Kräfte zu mobilisieren und die Extremsituation - gegen alle Widerstände - zu meistern.

Diese wenigen Beispiele zeigen, dass letztlich nicht die Lebensumstände über Lebenswillen oder Todeswunsch eines Menschen entscheiden - es gibt in der Tat keine Zwangsläufigkeit in der Reaktion auf eine extrem schwierige Situation. Jeder Mensch entscheidet individuell aufgrund seines Menschenbildes und seiner Lebenserfahrung, wie er mit seiner ganz persönlichen Lebenssituation umgeht.

Die Entscheidung für das Leben hat im Übrigen nicht unbedingt mit dem Glauben an Jesus Christus zu tun. Sie kann zwar aufgrund einer bewussten christlichen Lebenseinstellung getroffen werden, wie Samuel Koch es deutlich macht, sie kann aber ebenso auf einer humanistisch-freidenkerischen Basis stehen wie bei Reinhard Mey oder, wie das Beispiel von Stephen Hawking zeigt, in einer atheistischen Grundhaltung verankert sein. Allerdings bietet das Menschenbild der Bibel die mit Abstand besten Argumente gegen die Resignation vor den Umständen.

Die Patientenverfügung

Viele Menschen fürchten sich davor, durch eine Krankheit oder einen Unfall nur noch durch Maschinen am Leben erhalten zu werden. Wenn die Situation einmal eingetreten ist und der Patient selbst sich nicht mehr dazu äußern kann, so besteht zurzeit in Deutschland keine legale Möglichkeit, ohne eine eindeutige (und schriftlich fixierte) Willensäußerung des Betroffenen eine Behandlung abzubrechen. Die sogenannte Patientenverfügung[13] spielt in dieser Konstellation eine große Rolle und ist aus der Sterbehilfediskussion kaum noch wegzudenken. Was hat es damit auf sich?

Eine Patientenverfügung ist in vielen Teilen vergleichbar mit einem Testament: Sie ist Entscheidungsgrundlage und Hilfe für die Angehörigen und für den Arzt.

[13] Siehe Anhang: Muster-Patientenverfügung

Ein allgemeiner Rechtsgrundsatz besagt, dass keine medizinische Behandlung ohne die Einwilligung des Patienten vorgenommen werden darf. Behandelt ein Arzt ohne die Einwilligung oder gegen den erklärten Willen des Patienten, so macht er sich der Körperverletzung schuldig.

Die sogenannte Patientenverfügung ist eine rechtsverbindliche Verfügung für den Fall, dass ein Patient keinen eigenen Willen mehr bilden oder diesen Willen nicht mehr verständlich äußern kann. Sie ersetzt also die sonst notwendige zeitnahe Einwilligung beziehungsweise Verweigerung in Bezug auf eine bestimmte medizinische Behandlung.

Seit 2009 ist die rechtliche Bedeutung der Patientenverfügung in Deutschland gesetzlich geregelt: Eine schriftlich fixierte Patientenverfügung ist (auch für Betreuer oder Bevollmächtigte) nach Paragraf 1901a des Bürgerlichen Gesetzbuches verbindlich.

Der Gesetzgeber knüpft dies an einige Überlegungen: Der Verfasser einer Patientenverfügung muss einwilligungsfähig und volljährig sein und seine Entscheidungen freiwillig ohne äußeren Druck getroffen haben. Außerdem sollte er sich der Konsequenzen seiner Entscheidungen bewusst sein. Die Verfügung kann jederzeit - auch mündlich - widerrufen werden.

Die Patientenverfügung muss vor Eintritt einer akuten Notsituation genaue und konkrete Handlungsanweisungen für exakt definierte und nicht unmittelbar bevorstehende Lebens- beziehungsweise Behandlungssituationen (Koma, Hirnschädigung/Demenz) schriftlich festlegen. Sie darf allerdings keine Handlung fordern, die gesetzlich verboten ist: Aktive Sterbehilfe beziehungsweise Tötung auf Verlangen sind auch im Rahmen einer Patientenverfügung nicht einzufordern.

Der behandelnde Arzt ist verpflichtet, sich an die (gesetzlich gestatteten) Anweisungen in einer Patientenverfügung zu halten.

Besondere Situationen wie Wachkoma oder Demenzerkrankung sind seit 2009 ebenfalls dahingehend gesetzlich geregelt, dass eine vorliegende Patientenverfügung für Ärzte und Betreuer beziehungsweise Bevollmächtigte verbindlich ist, selbst wenn der Tod in einer solchen Situation nicht unmittelbar bevorsteht. Missachtet ein Arzt die Patientenverfügung, indem er z. B. gegen den festgelegten Willen des Patienten eine invasive Beatmung einleitet oder auf Dauer fortführt, macht er sich unter Umständen wegen (vorsätzlicher oder fahrlässiger) Körperverletzung strafbar.

Wenn es keine Patientenverfügung und auch keinen klar erkennbaren Willen des Patienten gibt, geht man davon aus, dass er den Vorschlägen des behandelnden Arztes folgt und den medizinischen Behandlungsmöglichkeiten zustimmt. Der Arzt ist dann verpflichtet, alle medizinischen und technischen Möglichkeiten zur Erhaltung des Lebens auszuschöpfen. In einem solchen Fall können also auch die Angehörigen nicht die Beendigung lebenserhaltender Maßnahmen einfordern.

Auch mit der gesetzlichen Neuregelung von 2009 kann kein Patient frei über sein Leben verfügen! Allerdings ist im Vergleich zu den schwammigeren Regelungen vor 2009 eine sogenannte „Reichweitenbegrenzung“ aufgehoben worden: Galt eine Patientenverfügung früher nur für Situationen, in denen der Tod unmittelbar bevorstand, so kann nach derzeit gültigem Gesetz eine Patientenverfügung auch auf Situationen angewendet werden, in denen nicht mit unmittelbarer Nähe des Todes gerechnet werden muss (z. B. Wachkoma, Demenz, schwere Behinderung mit Pflegebedürftigkeit etc.).

Aber es muss noch einmal betont werden: Auch ein dementer oder schwerstbehinderter Mensch kann nicht mithilfe einer zuvor erstellten Patientenverfügung seinem Leben willkürlich ein Ende setzen (lassen)! Es kann lediglich verfügt werden, dass Maßnahmen zur Verhinderung des Sterbens – in erster Linie maschinelle Beatmung und/oder künstliche Ernährung – nicht eingeleitet oder weitergeführt werden, sodass der Tod auf natürliche Weise eintreten kann.

Rechtsprechung und Bibel – eine Gegenüberstellung

Der juristische Maßstab: strafbares und straffreies Verhalten

- Grundsätzlich verboten und strafbar ist in Deutschland die Tötung auf Verlangen (Paragraf 216 des Strafgesetzbuches) - ganz gleich, wie schrecklich ein Einzelschicksal sich darstellt und auch ganz unabhängig von der Motivation des Täters. Das Grundrecht auf Leben steht in jedem Fall an erster Stelle. Das ausdrückliche und zweifelsfrei erwiesene Verlangen des Getöteten wirkt in der Rechtsprechung allerdings strafmildernd.
- Ein sogenannter assistierter Suizid bleibt dagegen straffrei, solange die helfende Person ein tödlich wirkendes Medikament nur beschafft und/oder bereitstellt, nicht aber dem Sterbenswilligen selbst verabreicht. (Mögliche Verstöße gegen das Betäubungsmittelgesetz werden allerdings auch in Zusammenhang mit einem assistierten Suizid geahndet.) Beihilfe zur Selbsttötung ist für Privatpersonen nach dem deutschen Strafgesetzbuch nicht verboten; allerdings stellt sich die Situation für Ärzte etwas anders dar: Paragraf 16 der Berufsordnung für Ärzte, dahingehend geändert im Jahr 2011, verbietet Medizinern die Hilfe zur Selbsttötung. Dieser Paragraf ist jedoch weiter-

hin umstritten und wurde im April 2012 vom Verfassungsgericht Berlin für verfassungswidrig erklärt.

- Wenn ein Arzt lebensverlängernde Maßnahmen unterlässt, also beispielsweise ein Beatmungsgerät abstellt oder künstliche Ernährung beendet, so ist diese Handlung unter bestimmten Umständen, namentlich bei Vorliegen einer entsprechenden Patientenverfügung (Urteil des Bundesgerichtshofes, Juni 2010), erlaubt. Das aktiv anmutende Ausschalten medizintechnischer Geräte gilt in diesem Fall aus juristischer Sicht nicht als Handlung, sondern als Unterlassung, da eine weitere Behandlung des Patienten unterlassen wird. Liegt keine Patientenverfügung vor, muss sich der Mediziner wegen unterlassener Hilfeleistung verantworten.

Der biblische Maßstab: richtiges und falsches Verhalten

Denn ich bin überzeugt, dass weder Tod noch Leben, weder Engel noch Gewalten, weder Gegenwärtiges noch Zukünftiges, noch Mächte, weder Höhe noch Tiefe, noch irgendein anderes Geschöpf uns wird scheiden können von der Liebe Gottes, die in Christus Jesus ist, unserem Herrn.

Römer 8,38-39

Das Problem der Sterbehilfe mit all ihren vielfältigen Schattierungen ist ein völlig neuartiges und eng begrenztes Phänomen: Es existiert erst seit wenigen Jahrzehnten und betrifft ausschließlich die hoch entwickelten Industrienationen der westlichen Welt. Der weitaus größte Teil der Menschheit wurde und wird mit dieser Problematik gar nicht konfrontiert, denn im „natürlichen Ablauf" eines Lebens sind sowohl die Geburt als auch der Tod dem Zugriff der Menschen weitestgehend entzogen. Man muss „es" geschehen lassen, kann sich dem direkten Eingreifen des Schöpfers nicht entziehen - ob man an ihn glaubt oder nicht. Die natürlichen Abläufe des Gebärens und des Sterbens sind auch für den Großteil aller heute lebenden Menschen nur passiv hinzunehmen, nicht aktiv zu gestalten.

Doch unsere westlichen medizinischen Standards, unsere moderne Medizintechnik lassen sehr wohl Eingriffe in diese göttlich bestimmten existenziellen Ereignisse zu. Für uns als Christen in der westlichen Welt des 21. Jahrhunderts stellt sich dementsprechend die drängende Frage: Wie gehen wir im Lichte des Wortes Gottes und im Bewusstsein der Verantwortung vor Gott mit diesem Problemkreis um? Ist das, was die Gesetzgebung vorgibt, für uns ausreichend? Ein Streifzug durch die Bibel soll den Rahmen abstecken.

In der Bibel begegnet uns der Tod auf vielfältige Weise: verursacht durch Alter oder Krankheit ebenso wie als direkte Folge von Gewaltanwendung.

Der Tod eines Menschen wird im Wort Gottes gänzlich anders bewertet als der Tod eines Tieres: Der Mensch als Ebenbild des Schöpfers hat einen ungleich höheren Rang. Der Tod eines Tieres ist eine selbstverständliche, von Gott gelenkte Naturerscheinung; der Tod eines Menschen jedoch steht immer in einem direkten Zusammenhang mit der Beziehung zwischen Gott und Individuum.

Der körperliche Tod eines Menschen ist zudem in Gottes Wort nie ein Schlusspunkt, sondern vielmehr die Fortführung seiner ewigen Existenz – entweder in enger Gemeinschaft mit dem Herrn oder in ewiger Gottesferne.

Grundsätzlich bestimmt Gott, der Schöpfer, selbst Anfang und Ende jedes einzelnen Menschen. Gott erschafft bei der Verschmelzung von Eizelle und Samenzelle den menschlichen Embryo im Mutterleib und er sieht und begleitet ihn von Anfang an.[14] Ebenso ist es Gott, der den Menschen zum Zeitpunkt des Sterbens aus dem irdischen Leben in seine heilige Gegenwart ruft. Niemand lebt nur deshalb, weil er leben will, und niemand stirbt nur deshalb, weil er sterben will – Anfang und Ende jedes einzelnen Lebens liegen einzig und allein in der Hand des allmächtigen Gottes.

Wie gehen wir als Christen mit dieser biblischen Erkenntnis um, wenn wir sehen, dass moderne medizinische Geräte einen aus sich selbst heraus nicht mehr lebensfähigen menschlichen Körper weiterhin „am Leben" erhalten? Was können und dürfen wir tun oder nicht tun, wenn wir die absolute Souveränität Gottes in Bezug auf jedes menschliche Leben achten?

---

[14] Siehe Psalm 139,13-16

- Ganz eindeutig und in keiner Weise Gegenstand einer Diskussion ist die Feststellung, dass es für einen Christen ausgeschlossen ist, einen Menschen zu töten. 2. Mose 20,13 formuliert unmissverständlich: „Du sollst nicht töten." Jede Form der aktiven Sterbehilfe („Tötung auf Verlangen") ist somit aus Sicht der Bibel klar verboten.
  Die derzeitige deutsche Gesetzgebung entspricht in dieser Hinsicht der biblischen Vorgabe.
- Wie geht die Bibel mit dem Thema „Suizid" um? Darf ein Christ Selbstmord begehen? Darf ich als Christ einem anderen Menschen helfen, Selbstmord zu begehen?
  Das Töten eines Menschen wird nicht nur zum Schutz des menschlichen Lebens in den Zehn Geboten ausdrücklich verboten; ein Mord oder Totschlag greift auch massiv die Souveränität Gottes an. Das ist das eigentlich Sündhafte jedes Tötungsdeliktes - die Missachtung der Herrschaft Gottes über das menschliche Leben von seinem göttlich bestimmten Anfang bis zu seinem göttlich bestimmten Ende. Aus diesem Grund ist auch ein Selbstmord eine Auflehnung gegen Gott, eine Sünde, und damit für einen Christen verboten - aus welcher Motivation heraus er auch erwachsen mag.[15] Daraus folgt der logische Schluss, dass ein Christ, der bei einer

[15] Die Art des Todes hat allerdings keinen Einfluss auf die Frage, ob ein Mensch ewiges Leben bei Gott hat oder nach dem körperlichen Tod in ewiger Gottesferne leben muss. Das entscheidet sich einzig und allein durch die bewusste Bekehrung und Wiedergeburt zu Lebzeiten.

verbotenen Handlung – einer Sünde – hilft oder diese Handlung bei einem sogenannten assistierten Suizid erst ermöglicht, sich auch selbst vor Gott schuldig macht: Auch die Hilfe zum Suizid ist also biblisch verboten.

Aus juristischer Sicht ist der Selbstmord in Deutschland nicht verboten; dementsprechend kann auch die Assistenz nicht strafbar sein. Diese Beurteilung in der deutschen Rechtsprechung ist mit der biblischen Sicht nicht zu vereinbaren.

Aufgrund dieser eindeutigen Sachlage werden in diesem Buch keine weiteren Beispiele dargestellt, bei denen es um „Tötung auf Verlangen“ oder „assistierten Suizid“ geht. Diese Spielarten der Sterbehilfe – die in verschiedenen Medien oft als die einzige Möglichkeit der Hilfe dargestellt werden – stehen für einen an den Maßstäben der Bibel orientierten Christen prinzipiell nicht zur Diskussion.

▸ Naturgemäß findet man in der Bibel keine direkten Aussagen zu der Frage, wie man mit modernen lebenserhaltenden Maßnahmen umgehen kann. Darf man als Christ lebenserhaltende Geräte abschalten lassen? Darf ein christlicher Arzt die künstliche Beatmung oder die künstliche Ernährung auf Wunsch des Patienten beenden?

Ganz grundsätzlich gilt selbstverständlich auch in einem solchen Fall, dass Leben und Tod immer in Gottes Hand liegen. Wenn ein Mensch durch Mord oder Selbstmord gewaltsam aus dem Leben gerissen wird - und auch das geschieht letztlich nur, wenn und weil Gott es zulässt! -, so wird das ihm eigentlich zugemessene Lebensmaß verkürzt. Dieses traurige Phänomen hat es zu allen Zeiten gegeben, von Anbeginn der Menschheit.[16] Doch wenn bei einem Menschen durch Unfall oder Krankheit lebenswichtige körperliche Funktionen (wie z. B. die selbstständige Atmung) ausfallen und aus diesem Grund natürlicherweise der Tod eintreten würde, kann die Medizin heutzutage eingreifen und den Organismus weiterhin „künstlich“ am Leben erhalten. Das von Gott ursprünglich zugemessene Lebensmaß wird also verlängert. (Auch dies ist kein Automatismus, sondern der Erfolg ist abhängig davon, ob und wie lange Gott diese Lebensverlängerung zulässt.) Der Tod wird dadurch selbstverständlich nicht auf Dauer verhindert, jedoch gegebenenfalls um einige Jahre verzögert.

Aus diesem Blickwinkel stellt sich also die Frage, ob das durch den menschlichen Willen mithilfe von Maschinen verhinderte Sterben eines Menschen nicht ebenso als (möglicherweise unzulässiger) Eingriff in die Souveränität Gottes gesehen werden könnte.

Ein Christ darf die Möglichkeiten der modernen Medizin dankbar aus Gottes Hand annehmen, ebenso wie andere Errungenschaften und

[16] Siehe 1. Mose 4,8

Erfindungen der Menschheit von Anbeginn an. Ein Christ darf Medikamente einnehmen und sich Operationen unterziehen - dies ist kaum Gegenstand einer ernsthaften Diskussion. Aber ist man als Christ dazu verpflichtet? Hat man als Christ die Pflicht vor Gott, alle Möglichkeiten bis zum Äußersten auszuschöpfen? Darf man sich als Christ nicht danach sehnen, das zeitweilig „künstlich erhaltene" Leben zu seinem Ende kommen zu lassen und nach dem dann natürlich erfolgenden Tod seinem Herrn Jesus Christus in der Ewigkeit zu begegnen?

Wenn ein Christ sich aus der Hand der Medizin durch das Unterlassen oder Beenden lebenserhaltender Maßnahmen bewusst in die Hand Gottes fallen lässt und den Tod nach dem Willen Gottes annimmt, so ist nicht das Abschalten der Geräte die eigentliche Todesursache. Ursache und Grund des Todes ist auch in einem solchen Fall die von Gott zugelassene, bereits vorher eingetretene tödliche Schädigung des Organismus.

Aus dieser Überlegung heraus ist das Beenden der künstlichen Verhinderung des Todes kaum als Sünde gegen Gott im biblischen Sinn zu betrachten. Den Tod geschehen lassen, ihn nicht mit allen Mitteln zu verhindern suchen: Auch auf diese Weise kann sich der Mensch in die gute Hand Gottes begeben.

Die Beendigung lebenserhaltender Maßnahmen ist dementsprechend aus biblischer Sicht nicht verboten, wenn der Betroffene selbst sich in seiner Verantwortung vor Gott dazu entschließt, sein Leben mit allen Konsequenzen vollkommen in die Hand Gottes zurückzugeben. Dieser Entschluss ist allerdings in höchstem Maße persönlich und in der Abhängigkeit einer tiefen Beziehung zu Gott zu treffen; deshalb hat kein anderer Mensch - weder Arzt noch Angehöriger - das Recht oder die von der Bibel legitimierte Möglichkeit, in diese Entscheidung einzugreifen.

Der Theologe Dr. Eberhard Schockenhoff, Professor für Moraltheologie an der Universität Freiburg, schreibt in einem Aufsatz mit dem Titel: „Ethische Richtlinien zur medizinischen Manipulation des Sterbens“[17]:

Bei näherer Betrachtung zeigt sich (...), dass die eigentliche Todesursache nicht das Abschalten des Respirators, sondern die unheilbare Krankheit ist, deren Verlauf ohne die künstlichen Maßnahmen zur Lebensverlängerung bereits zum sicheren Tod geführt hätte. In ethischer Hinsicht ist die Einstellung der künstlichen Beatmung trotz ihres „aktiven“ Anscheins deshalb nicht als Tötungshandlung, sondern als Beendigung einer lebenserhaltenden Maßnahme zu bewerten, die ihr therapeutisches Ziel nicht mehr erreichen kann. Ebenso wenig lässt sich zwischen

[17] Quelle: http://www.surprising-science.de/themenbibliothek/themen-archiv/sterbehilfe-ethische-richtlinien/, abgerufen am 11. März 2013

künstlicher Beatmung und der Versorgung mit Flüssigkeit und Nahrung ein moralisch relevanter Unterschied ausmachen, sodass die gleiche Überlegung prinzipiell auch die Einstellung künstlicher Nahrungs- und Flüssigkeitszufuhr – etwa mit Hilfe einer Magensonde – legitimieren kann.
Weil das Absetzen einer Behandlung nur das Ende der künstlichen Verhinderung des Todes, nicht aber dessen eigentliche Ursache ist, kann es nicht als eigenmächtige Verfügung über fremdes Leben betrachtet werden, die unter das Tötungsverbot fällt.

Die derzeit gültige deutsche Gesetzgebung stimmt in diesem Punkt mit der biblischen Betrachtungsweise überein.
Mir ist bewusst, dass diese Ansicht umstritten ist und auch unter Christen kontrovers diskutiert wird. Die Handlung eines Menschen (beispielsweise das Abstellen der maschinellen Beatmung), so wird argumentiert, führt schließlich zum Tod eines anderen Menschen.
Muss man dieses Vorgehen aus biblischer Sicht als Tötung eines Menschen, als Mord, betrachten? Oder ist es ein Sterben-Lassen, das bewusste Übergeben des Menschen in die Hand Gottes?
Begeht der Patient, auf dessen Wunsch gehandelt wird, Selbstmord? Oder ist diese Haltung die demütige Annahme der Sterblichkeit und des eigenen Todes, indem man sich dem souveränen Handeln Gottes überlässt?

Die Souveränität Gottes als Schöpfer und Erhalter des Lebens, aber auch als derjenige, der den Todeszeitpunkt jedes Menschen bestimmt, gilt absolut und unumstritten. Die Anerkennung dieser Souveränität sollte für uns als Christen dementsprechend an erster Stelle stehen. Gott kann jedes Leben erhalten oder wegnehmen – mit oder ohne medizinische Eingriffe.

Hat ein Christ das Recht oder die Pflicht zur Lebensverlängerung um jeden Preis?

Ist ein Christ verpflichtet, alle Möglichkeiten der modernen Medizin wahrzunehmen?

„Darf" ein Christ sterben wollen, wenn sein Organismus durch Krankheit oder Unfall so weit geschädigt ist, dass er ohne intensivmedizinische Maßnahmen voraussichtlich innerhalb überschaubarer Zeit „von selbst" sterben würde?

Es ist eine Gratwanderung, zwischen dem grundsätzlich verbotenen Töten (auf Verlangen) und dem vertrauensvollen Sterben-Lassen zu unterscheiden. Während eine Tötungshandlung den Tod eines Patienten willentlich und direkt herbeiführt, wird mit dem Abbruch der Behandlung (z. B. der Beatmung) zwar der Rahmen geschaffen, in dem der Mensch sterben kann; der Tod tritt jedoch (meist zeitverzögert) durch die bereits bestehende Organschädigung ein.

Jenseits aller menschlichen Überlegungen gibt das ewige Wort Gottes tiefen Trost im Vertrauen auf die Liebe, Gnade und Barmherzigkeit unseres

Herrn und Gottes. Mit dem Psalmdichter dürfen wir als Gottes Kinder in jeder Situation bei IHM Zuflucht suchen und beten:

Bei dir, HERR, habe ich mich geborgen; lass mich niemals zuschanden werden; errette mich in deiner Gerechtigkeit! …
In deine Hand befehle ich meinen Geist. Du hast mich erlöst, HERR, du Gott der Treue! …
Denn in Kummer schwindet mein Leben dahin und meine Jahre in Seufzen; meine Kraft wankt durch meine Schuld, und es verfallen meine Gebeine. …
Ich aber, ich habe auf dich vertraut, HERR; ich sagte: Du bist mein Gott!
In deiner Hand sind meine Zeiten! …
Lass dein Angesicht leuchten über deinem Knecht, hilf mir in deiner Gnade!
Wie groß ist deine Güte, die du bereithältst denen, die dich fürchten, die du denen erweist, die sich bei dir bergen vor den Menschen. …
Ich zwar dachte in meiner Bestürzung: „Ich bin weggenommen aus deinen Augen.“ Doch du hast die Stimme meines Flehens gehört, als ich zu dir schrie.
Seid stark, und euer Herz fasse Mut, alle, die ihr auf den HERRN harrt!

aus Psalm 31

	aus juristischer Sicht	nach biblischem Maßstab
Tötung auf Verlangen	Strafbar	Sünde
Selbstmord (Suizid)	Straffrei	Sünde
Hilfe zum Selbstmord (assistierter Suizid)	Straffrei	Sünde
Beenden lebenserhaltender Maßnahmen auf Wunsch des Betroffenen	Straffrei	Keine Sünde

4 Biblische Aussagen zum Tod

Leben und Tod als Naturgesetz

Der Rosenstock im Garten sieht im Winter trostlos aus: Die Blätter und Blüten sind abgefallen, das welke Laub liegt am Boden. Die kahlen Rosenzweige wirken leblos. Nichts erinnert mehr an die Blütenpracht des Sommers. Statt des zarten Rosenduftes hängt der Geruch des auf der feuchten Erde verrottenden Blattmaterials in der Luft. Der Rosenstock im Winter scheint ein aussagekräftiges Bild für den Tod zu sein.

Welch einen Kontrast bietet der prachtvoll blühende Rosenstrauß in der Blumenvase drinnen auf dem Tisch: Die von der Schöpferhand Gottes wunderbar geformten ebenmäßigen Blüten sitzen auf festen grünen Stängeln. Der Duft der Rosen erfüllt den ganzen Raum. So sieht das pralle, bunte Leben aus! Oder?

Der Verstand kann das Paradoxon kaum fassen: Die tot erscheinenden winterlichen Zweige sind – allem Anschein zum Trotz – höchst lebendig! Sobald der Frühling beginnt, treibt die Pflanze neu aus, und wenige Monate später ist der Rosenstock wieder übersät mit Blüten. Der Rosenstrauß hingegen, der voller Leben zu sein scheint, besteht nur aus totem Pflanzenmaterial. Abgeschnitten von der Wurzel können die Blumen ihre Schönheit nur einige Tage bewahren. Dann sind sie verwelkt und unansehnlich; sie beginnen zu stinken und werden in den Müll geworfen.

Leben und Tod gehören seit dem Sündenfall zum Kreislauf der Schöpfung. Doch wie das Beispiel der Rosen zeigt, ist es - vor allem in geistlicher Hinsicht - durchaus nicht immer offensichtlich, wo es Leben gibt beziehungsweise wo der Tod bereits am Werk ist.

Auf der körperlichen Ebene ist die Definition relativ einfach. Physisches Leben ist gekennzeichnet durch Energieaustausch und Stoffwechselvorgänge. Dadurch bedingt zeigt sich das Lebendigsein durch Wachstum und Fortpflanzung sowie durch die Möglichkeit, auf Veränderungen - beispielsweise der Umweltbedingungen - zu reagieren. Diese Art von Leben ist bei allen Lebensformen (Pflanzen, Tieren und Menschen) zu beobachten.

Der Tod eines Organismus bedeutet dementsprechend: Der komplette Stoffwechsel bricht zusammen; damit werden Wachstum, Fortpflanzung und Reaktionsmöglichkeit auf Dauer unterbunden. Die Zellstruktur des Organismus zerfällt allmählich durch chemische Prozesse in seine Grundbestandteile.

Was passiert beim Sterben mit dem menschlichen Körper?

- Die Funktion von Herz und Kreislauf bricht zusammen: Es gibt keinen Herzschlag, keine Atmung (Sauerstoffzufuhr) mehr.
- Das von außen messbare „Bewusstsein" erlischt, das heißt: Gehirnströme sind auf dem EEG nicht mehr nachzuweisen.
- Zuerst erschlafft die komplette Muskulatur; kurze Zeit später verkrampft sie sich vorübergehend (Totenstarre).
- Der Zelltod setzt ein: Innerhalb von 5 bis 10 Minuten nach dem Zusammenbruch des Herz-Kreislauf-Systems beginnt das Absterben der Gehirnzellen ohne Blutversorgung und Sauerstoffzufuhr.
- Ohne Stoffwechsel sinkt die Körpertemperatur ab, die Leiche wird kalt.
- Das Blut wird nicht mehr durch den Körper gepumpt und sammelt sich deshalb infolge der Schwerkraft an den zuunterst liegenden Stellen der Leiche (Leichenflecken).
- Innerhalb von 30 Minuten bis zwei Stunden nach dem letzten Atemzug und dem letzten Herzschlag stirbt nacheinander das Zellgewebe von Herz, Leber, Lunge, Nieren irreversibel ab.
- In den Muskelzellen sowie in den Organen Magen und Darm beginnt der Zerfallsprozess erst nach einigen Stunden.
- Rund 24 Stunden nach dem Tod ist der Zellstoffwechsel im Organismus komplett eingestellt

und die Verwesung beginnt: Das ist die Zersetzung der Körperzellen durch körpereigene Bakterien (z. B. Darmbakterien) und körpereigene Flüssigkeiten (Verdauungssäfte).

Von den organischen Strukturen und den Zellen eines toten menschlichen Körpers bleibt – je nach Art der Bestattung – nach einigen Jahren kaum noch etwas übrig. Diese universelle Beobachtung veranlasst viele Menschen zu der Auffassung, dass nicht nur der Körper, sondern auch alles, was die Persönlichkeit eines Individuums ausmacht, mit dem Tod des Organismus ausgelöscht ist. Bewusstsein, Gedanken und Gefühle, Charakter, Ideen und Kreativität wären damit für immer verloren. „Wenn ich tot bin, dann bin ich tot", ist die resignierend-trotzige Haltung eines Menschen, der ausschließlich im Diesseits leben will und jede Verantwortung für sein Leben vor Gott ablehnt.

Und dennoch: Nicht selten bleibt eine letzte Unsicherheit. Kann man den Menschen als Persönlichkeit möglicherweise konservieren?

Am 5. März 2013 starb Hugo Chávez, langjähriger Machthaber in Venezuela, im Alter von 58 Jahren an einer Krebserkrankung. Wenige Tage später gab die neue venezolanische Führung bekannt, dass der Leichnam nicht begraben werden solle. Vizepräsident Nicolas Maduro verkündete: „Wir haben entschieden, dass sein Körper einbalsamiert wird. So wie Ho Chi Minh, Lenin oder Mao Tse Tung. In einem Revolutionsmuseum soll er in einem gläsernen Sarg liegen. Damit er immer bei seinem Volk ist. Immer präsent für das Volk." Auf diese Weise wollte man Unsterblichkeit vorgaukeln; ein endgültiger Abschied sollte vermieden werden. Allerdings wurde nichts aus diesem Plan: Die Verwesung war schon zu weit fortgeschritten und hätte das Verfahren zu aufwendig gemacht.

Wie auch immer man eine Leiche behandelt und präpariert: Der Körper ist tot und bleibt tot. Die Persönlichkeit, die das Individuum prägt, ist jedoch definitiv nicht materiell fassbar und damit auch nicht Bestandteil der mühsam erhaltenen leblosen Zellstrukturen. Das Bewusstsein des verstorbenen Menschen und alle Facetten seiner Persönlichkeit sind nach biblischer Aussage nicht abhängig von der Funktion seines Organismus, sondern sie leben nach dem Tod des Körpers in einer anderen Daseinsform.

Leben und Tod
in der geistlichen Dimension

Die Bibel lässt keinen Zweifel daran, dass der Tod keineswegs das Ende ist, sondern nur den Übergang zu einer anderen Existenz darstellt. Zwar ist der Körper schon bald nicht mehr existent, doch die unsterbliche Seele und der Geist des Verstorbenen sind weiterhin lebendig und seine Gedanken und Gefühle sind - bisweilen erschreckend - real.

Jesus erzählt im Lukasevangelium von einer Begebenheit, die uns einen kurzen Blick hinter den

Vorhang gewährt, der normalerweise die irdische Welt von der transzendenten Wirklichkeit abschirmt (Lukas 16,19-31).

Zwei Menschen, die sich zu Lebzeiten kannten, sterben: ein reicher Mann und ein Armer mit Namen Lazarus. Beide sind definitiv tot und ihre Körper werden begraben, und damit trennen sich ihre Wege für immer. Im Totenreich, dem sogenannten Hades[18], sind beide bei Bewusstsein, erkennen einander, haben Empfindungen, Erinnerungen, Ängste und Wünsche. Doch während der Reiche fern von der Gegenwart Gottes Qualen leidet, kann Lazarus nun in Frieden und Gelassenheit die Herrlichkeit des ewigen Lebens genießen.

Der Herr Jesus selbst lehrt mit dieser Begebenheit unverschnörkelt und nüchtern mehrere Grundwahrheiten des biblisch-christlichen Glaubens:

- Das Leben ist mit dem Tod des Körpers nicht zu Ende; die menschliche Seele ist unsterblich. Körper und Seele sind offenbar keine untrennbare Einheit.
- Das Bewusstsein und die Kommunikations- und Empfindungsmöglichkeiten des Menschen existieren nach dem Tod des Körpers unabhängig von den uns bekannten materiellen Strukturen weiter.
- Es gibt zwei unterschiedliche und strikt voneinander getrennte Orte in der transzendenten

[18] Siehe Anmerkung in Kapitel 1, Seite 15

Realität, gekennzeichnet durch entweder ewige Qual oder ewige Herrlichkeit.

- Die Entscheidung für den einen oder anderen Aufenthaltsort fällt in jedem Fall vor dem körperlichen Tod des Menschen.

Eine groß angelegte repräsentative Studie der Bertelsmann Stiftung aus dem Jahr 2009, der sogenannte „Religionsmonitor", brachte das Ergebnis zutage, dass rund zwei Drittel der befragten Deutschen mehr oder weniger stark an ein Leben nach dem Tod glauben; nur ein Drittel glaubt gar nicht daran.[19] Die Inhalte dieses „Glaubens" sind allerdings diffus und meist von der Vorstellung geprägt, dass man darüber grundsätzlich nichts wissen könne.

Eine heutzutage besonders gängige Ansicht besagt, dass es zwar ein Weiterleben der Persönlichkeit nach dem Tod geben könne, nicht jedoch die biblischen Vorstellungen von Himmel oder Hölle. Die Hölle ist komplett abgeschafft - man akzeptiert sie bestenfalls noch für Schwerverbrecher. Den Himmel hingegen stellt man sich vor wie eine Fortführung des irdischen Lebens, nur ohne Krankheit und ohne offensichtlich „Böses". In diesem „Himmel" ist allerdings auch kein Platz für Gott.

Für biblisch orientierte Christen, die die Offenbarung des Wortes Gottes für absolut verlässlich

---

[19] „Woran glaubt die Welt?", Verlag der Bertelsmann Stiftung 2009

halten, sieht die Situation anders aus: Die Bibel macht sehr klare und eindeutige Aussagen, sowohl über das irdische und das ewige Leben als auch über den körperlichen und den geistlichen Tod.

Der Tod: nicht Freund, sondern Feind des Menschen!

Auch wenn ich wandere im Tal des Todesschattens, fürchte ich kein Unheil, denn du bist bei mir; dein Stecken und dein Stab, sie trösten mich. …
Nur Güte und Gnade werden mir folgen alle Tage meines Lebens; und ich kehre zurück ins Haus des HERRN lebenslang.

Psalm 23,4.6

In der öffentlichen Diskussion zum Thema „Sterbehilfe" ist oft die Rede von einem „würdevollen Tod". Man versucht damit meist das Bild zu vermitteln, dass man als Mensch auch das Sterben „im Griff haben" könne. Welch ein fataler Irrtum! Denn selbst wenn der Sterbevorgang – vielleicht mithilfe von Medikamenten – nicht von Schmerzen und Angst geprägt ist, selbst wenn ein Mensch „friedlich einschläft", so geschehen im Moment des Todes doch ungeheuerliche Dinge.

Erwin Lutzer schreibt: „Wenn wir es genau nehmen, stirbt niemand „mit Würde". Seit die Sünde in die Welt gekommen ist und den Tod mit sich brachte, war der Tod immer die endgültige Demütigung, die eine unabänderliche Tatsache, die unsere Sterblichkeit bestätigt und unseren Leib zu Asche zerfallen lässt."[20]

Der Tod wird in der Bibel manchmal fast wie eine Person dargestellt. Grundsätzlich ist er - wie der Satan, der tatsächlich eine Person ist - der Feind des Menschen, auch wenn er uns manchmal wie ein Freund begegnen will.

Gott hat dem Tod die Macht gegeben, jeden Menschen unter Umständen plötzlich, immer aber unwiederbringlich aus seinem jeweiligen Lebenszusammenhang zu entfernen; er reißt damit eine schmerzhafte Lücke in den familiären und gesellschaftlichen Kontext eines Menschen. Diese Macht hat der Tod seit dem Sündenfall über jeden einzelnen Menschen, niemand kann ihm auf Dauer entkommen. (Der Sonderfall der Entrückung ist davon ausgenommen.)[21]

Grund und Ursache für den Tod des Menschen ist die Sünde des ersten Menschenpaares im Garten Eden: Sie haben im Ungehorsam die Souverä-

---

[20] Erwin Lutzer, „Fünf Minuten nach dem Tod", Christliche Verlagsgesellschaft, Dillenburg 1998

[21] Entrückung: In den Lehrbriefen des Neuen Testaments wird ein Ereignis geschildert, das die wiedergeborenen Christen in relativ naher Zukunft erwarten: die sogenannte Entrückung. Das bedeutet, dass zu einem bestimmten, von Gott gewählten Zeitpunkt alle noch lebenden Christen plötzlich von der Erde weggenommen („entrückt") werden, um von diesem Zeitpunkt an, zusammen mit den zuvor schon verstorbenen Christen, für immer bei Jesus Christus zu sein (1. Thessalonicher 4,13-18; 1. Korinther 15,51-52).

nität Gottes missachtet. Diese Rebellion gegen Gott steckt seitdem in jedem Menschen, und bei jedem Individuum hat sie die gleichen Folgen: Jede Person ist dem Tod ausgeliefert.

Durch einen einzigen Menschen ist die Sünde in die Welt gekommen und mit der Sünde der Tod. Und auf diese Weise ist der Tod zu allen Menschen hingekommen. Deswegen hat auch jeder gesündigt.

Römer 5,12; NeÜ

Der Lohn der Sünde ist der Tod, die Gnadengabe Gottes aber ewiges Leben in Christus Jesus, unserem Herrn.

Römer 6,23

Die Sünde der Auflehnung gegen seine Souveränität kann der gerechte und heilige Gott nicht einfach übersehen; der Mensch muss die Konsequenzen seiner Revolte, die Strafe für seine Sünde, tragen. Doch Gott ist nicht grausam und hat keine Freude daran, dass die Menschen dem Tod ausgeliefert sind.

Sollte ich wirklich Gefallen haben am Tod des Gottlosen, spricht der Herr, HERR, nicht vielmehr daran, dass er von seinen Wegen umkehrt und lebt?

Hesekiel 18,23

Der körperliche Tod wird durch die Sünde verursacht, aber Jesus Christus hat die Sünde besiegt und damit auch den Tod. Er hat als vollkommen Sündloser die Schuld bezahlt und stellvertretend für die Menschen die Todesstrafe auf sich genommen. Deshalb gibt es für jeden Menschen, der an Jesus Christus glaubt, die Vergebung der Sünden und damit das ewige Leben.

Ihr wart ja auch tot in eurer Schuld (…). Doch nun hat Gott euch mit ihm (das heißt: mit Jesus Christus) lebendig gemacht und hat uns alle unsere Schuld vergeben. Er hat die Anklageschrift, die (…) gegen uns gerichtet war, für ungültig erklärt. Er hat sie ans Kreuz genagelt und damit für immer beseitigt.

Kolosser 2,13-14; NeÜ

So wie es das körperliche Leben und den körperlichen Tod gibt, so gibt es analog dazu auch das ewige Leben und den geistlichen Tod. Die beiden Begriffspaare drücken jeweils gegensätzliche Situationen aus.

- Das körperliche Leben ist immer von Sünde geprägt, daher ist keine vollkommene Gemeinschaft mit Gott möglich, denn Gott ist absolut heilig und kann nichts Sündiges und Unheiliges in seiner Nähe dulden.
- Der körperliche Tod ist das Tor zur ewigen Existenz jedes Menschen – entweder in Gemeinschaft mit Gott oder in qualvoller ewiger Gottesferne.

- Durch das Geschenk des ewigen Lebens hat der durch Jesus Christus von der Sünde erlöste Mensch eine vollkommene Gemeinschaft mit Gott, die bereits während des körperlichen Lebens auf der Erde ihren Anfang nimmt.
- Jeder Mensch, der das Gnadengeschenk der Aussöhnung mit Gott durch Jesus Christus ablehnt, ist in seinem körperlichen Leben bereits geistlich tot. Ein geistlich toter Mensch hat zwar eine ewige Existenz, ist jedoch nach seinem körperlichen Tod endgültig abgeschnitten vom ewigen Leben, von der Gemeinschaft mit Gott.

Äußerlich unterscheidet sich ein geistlich toter Mensch nicht von einem Menschen, der das ewige Leben durch Jesus Christus in sich trägt. Man kann geistlich tote Menschen mit einem hübschen Blumenstrauß vergleichen: Er sieht zwar lebendig aus, hat aber keine Verbindung zur ursprünglichen Lebensquelle, der Wurzel. Auch gute Taten oder ein religiöses Leben können nichts an dem Zustand des geistlichen Todes ändern, wenn die Beziehung zu Jesus Christus fehlt.

Von sich aus kann kein Mensch, der geistlich tot ist, geistlich lebendig werden und ewiges Leben bekommen; das ist nur durch die Erlösung durch Jesus Christus möglich.

Jesus sagt: „Wahrlich, wahrlich, ich sage euch: Wer mein Wort hört und glaubt dem, der mich gesandt hat, der hat ewiges Leben und kommt nicht ins Gericht, sondern er ist aus dem Tod in das Leben übergegangen."

Johannes 5,24

Das neue, ewige Leben ist absolut unsterblich! Menschen, die ihr Vertrauen auf Jesus Christus setzen, haben bereits das ewige Leben in sich. Es überdauert den körperlichen Tod und mündet in die ewige Herrlichkeit in der Gemeinschaft mit Gott ein. Deshalb können gläubige Christen dem körperlichen Tod mit Gelassenheit entgegensehen – auch wenn man vor der Fremdheit des Sterbevorgangs und vor möglichen Schmerzen Angst hat, hat der Tod an sich für einen Christen seinen Schrecken verloren.

Menschen ohne Jesus Christus, die geistlich tot in den körperlichen Tod gehen, haben hingegen keine Möglichkeit zur Buße mehr, sie sind unumkehrbar von der Gemeinschaft mit Gott ausgeschlossen. Die Gnade Gottes lässt jedem Menschen die Wahlmöglichkeit zwischen Leben und Tod:

So spricht der HERR: Siehe, ich lege euch den Weg des Lebens vor und den Weg des Todes.

Jeremia 21,8

Jeder Mensch ist nun dazu aufgefordert, seine eigene Entscheidung zu treffen: Entweder man entscheidet sich für ein Leben mit Gott, das auch nach dem körperlichen Tod Bestand hat, oder aber man lehnt das Angebot Gottes ab und muss die Konsequenz der ewigen Gottesferne tragen.

Satan treibt die Menschheit seit der ersten Sünde im Garten Eden in den Tod und hat Böses damit vor - er weiß genau, dass der Tod die Grenze ist. Jenseits dieser Barriere ist eine Umkehr zu Gott nicht mehr möglich. Der Tod ist der letzte Feind des Menschen. Doch unser liebender und gnädiger Gott macht etwas Gutes daraus: Durch den Opfertod des Herrn Jesus Christus gibt er jedem Menschen die Möglichkeit zur Umkehr und damit zum ewigen Leben in seiner Herrlichkeit!

Das Wunder der Auferstehung

Ich bin die Auferstehung und das Leben; wer an mich glaubt, wird leben, auch wenn er gestorben ist; und jeder, der da lebt und an mich glaubt, wird nicht sterben in Ewigkeit. Glaubst du das?

Johannes 11,25-26

Der körperliche Tod ist der Wendepunkt des Lebens, nicht aber sein Schlusspunkt. Gott offenbart uns in seinem Wort, der Bibel, nicht nur, dass die menschliche Seele und der menschliche Geist den körperlichen Tod überdauern, sondern wir erfahren auch vom Wunder der Auferstehung.

Die körperliche Auferstehung des Herrn Jesus Christus am dritten Tag nach der schändlichen

Kreuzigung zeigt den Triumph Gottes nicht nur über die Sünde, sondern auch über den Tod.

Paulus schreibt in seinem ersten Brief an die junge Gemeinde in Korinth:

Ich habe euch in erster Linie das weitergegeben, was ich auch empfangen habe: Christus ist für unsere Sünden gestorben, wie es die Schriften gesagt haben. Er wurde begraben und am dritten Tag auferweckt, wie es die Schriften gesagt haben. …

Wenn nun aber gepredigt wird, dass Christus von den Toten auferweckt wurde, wie können da einige von euch sagen: „Es gibt keine Auferstehung der Toten."? Wenn es nämlich keine Auferstehung der Toten gibt, dann ist auch Christus nicht auferweckt worden. Ist aber Christus nicht auferweckt worden, dann ist auch unsere Predigt sinnlos und euer Glaube ist ohne Inhalt. Wir würden dann auch als falsche Zeugen für Gott entlarvt, denn wir hätten im Widerspruch zu Gott bezeugt, dass er Christus auferweckt habe, den er aber nicht auferweckt haben kann, wenn Tote überhaupt nicht auferweckt werden. Denn wenn Tote nicht auferweckt werden, ist auch Christus nicht auferweckt worden. Wenn aber Christus nicht auferweckt wurde, ist euer Glaube vergeblich und ihr steckt immer noch in euren Sünden. Und die, die im Vertrauen auf Christus gestorben sind, wären alle verloren. Wenn wir nur für dieses Leben auf Christus hoffen, sind wir die bedauernswertesten von allen Menschen. Nun ist Christus aber von den Toten auferweckt worden. (…) Weil durch einen Menschen der Tod kam, kommt auch die Auferstehung vom Tod durch einen Menschen. Denn wie durch die Verbindung mit Adam alle sterben, so werden durch die Verbindung mit Christus alle lebendig gemacht werden.

1. Korinther 15,3-4.12-22; NeÜ

Ein einprägsames Bild für die Auferstehung – wenn auch selbstverständlich nicht hundertprozentig zu übertragen – ist die Metamorphose der Insekten. Besonders anschaulich ist dabei die „Verwandlung" der Schmetterlinge[22].

Der Lebenszyklus eines Schmetterlings beginnt damit, dass ein Schmetterlingsweibchen ein befruchtetes Ei auf dem Blatt einer Pflanze befestigt. Nach zwei oder drei Wochen hat sich im Ei nicht etwa ein junger Schmetterling, sondern eine kleine Raupe entwickelt: Ein Geschöpf, das nicht die geringste Ähnlichkeit mit einem zarten Luftwesen zeigt. Unmittelbar nach dem Schlüpfen beginnt die Raupe zu fressen – das ist zunächst ihr einziger Lebenszweck. Sie kriecht umher und frisst nahezu ununterbrochen, dabei wächst sie mit atemberaubender Geschwindigkeit und muss sich mehrfach häuten. Nach der letzten Häutung beginnt ihr dritter Lebensabschnitt und die Raupe wird zur Puppe. Die Puppe hat einen äußeren harten Chitinpanzer, in dem das Zellgewebe der Raupe während der „Verwandlung", der Metamorphose, wie in einem Sarg ruht. Im Inneren der Puppe geht innerhalb kurzer Zeit eine unglaubliche Veränderung des Organismus vor sich. Zellen

---

22 Ein empfehlenswerter Film zu diesem Thema: „Metamorphose – Die geheimnisvolle Schönheit der Schmetterlinge", DVD 2012

und Zellstrukturen werden in ihre chemischen Bestandteile aufgelöst und völlig neu aufgebaut und geordnet. Nach ungefähr zwei Wochen schlüpft der fertige Schmetterling, dessen äußere Erscheinung das genaue Gegenteil der Raupe zu sein scheint. Aus der erdgebundenen dicken Raupe, die sich träge kriechend fortbewegte, ist ein zartes und filigranes Geschöpf geworden, das scheinbar schwerelos durch die Luft flattert.

Das irdische Leben eines Menschen ist mit den ersten beiden Lebensstadien des Schmetterlings zu vergleichen: Ein Baby wächst im Körper der Mutter heran, wird geboren, wächst stetig weiter und entwickelt sich zum Erwachsenen. Nach einer mehr oder weniger langen Lebensspanne stirbt der Mensch.

Es liegt vollkommen jenseits aller menschlichen Möglichkeiten, sich vorzustellen, wie Gott, der Schöpfer, eine Leiche „auferwecken“ kann, wie der allmächtige Herr der unsterblichen menschlichen Seele einen neuen und unvergänglichen Körper geben kann - doch es ist absolut sicher, *dass* er es kann und tun wird, denn er verspricht es in seinem Wort. Die Auferstehung des Herrn Jesus Christus ist die Garantie dafür.

Und jeder Schmetterling ist ein bunter Bote der uneingeschränkten Möglichkeiten unseres Herrn und Gottes!

Denn was jetzt vergänglich ist, ist dazu bestimmt, das Kleid der Unvergänglichkeit anzuziehen; was jetzt sterblich ist, muss das Kleid der Unsterblichkeit anziehen. Und wenn das geschieht – wenn das Vergängliche mit Unvergänglichkeit bekleidet wird und das Sterbliche mit Unsterblichkeit –, dann geht die Aussage in Erfüllung, die in der Schrift steht: „Der Tod ist auf der ganzen Linie besiegt! Tod, wo ist dein Sieg? Tod, wo ist dein tödlicher Stachel?"

1. Korinther 15,53-55; NGÜ

5 Eine ganz persönliche Annäherung

Völlig aus der Bahn geworfen

Im April 2001 hat der Tod sich zum ersten Mal persönlich in meinem Leben Gehör verschafft.

Schon seit einiger Zeit hatte ich eine seltsame Kraftlosigkeit der rechten Hand festgestellt: Manchmal fiel mir das Besteck beim Essen aus der Hand, beim Schreiben konnte ich den Stift kaum noch halten. Dann kam ein eigenartiges Muskelzittern in Armen und Schultern dazu, und bald bemerkte ich, dass auch die Beine schneller ermüdeten. Es wurde immer schwieriger, lange Strecken zu Fuß oder mit dem Fahrrad zurückzulegen. Ab und zu stolperte oder stürzte ich plötzlich. Was mochte das sein? Nachdem einige Arztbesuche kein Ergebnis gebracht hatten, wurde ich im April 2001 in der Uniklinik Köln fast eine Woche lang gründlich untersucht. Schließlich lautete die zögernde Diagnose: ALS, Amyotrophe Lateralsklerose.

Die Informationen, die ich bekam, waren entmutigend: Die Krankheit ALS ist eine rasch fortschreitende, unheilbare und tödlich verlaufende neuromuskuläre Erkrankung, die in relativ kurzer Zeit zur vollständigen Lähmung der willkürlichen Muskulatur führt.

Im gesunden Körper übertragen bestimmte Nervenbahnen die Bewegungsimpulse auf die Muskeln, die dann ihrerseits die Bewegung ausführen. Bei der Krankheit ALS ist dieser Kontakt zwischen Nerven und Muskeln gestört. Das führt dazu, dass die Muskeln keine Bewegungsimpulse mehr erhalten und sich daraufhin zurückbilden. Durch die fehlenden Nervenimpulse ist auch jegliches Muskeltraining sinnlos.

Stetig und unaufhaltsam gehen die Muskelfunktionen aller willkürlichen Bewegungsmuskeln zurück. Dieser Abbau betrifft alle Muskeln, die man normalerweise willentlich bewegen kann, also z. B. die Muskeln in Händen, Armen, Beinen und Rumpf, sodass im Verlauf der Krankheit Gehen und Stehen und eine normale Funktion der Hände nicht mehr möglich sind. Aber auch andere, lebenswichtige Funktionen des Körpers werden angegriffen. Das Atmen wird immer schwieriger, denn die Atemmuskulatur baut ebenfalls ab, die Schluck- und Sprechmuskulatur bildet sich zurück.

Nach relativ kurzer Zeit kommt sich ein Patient mit der Diagnose ALS vor, als sei er gefangen im eigenen Körper. Die Gliedmaßen gehorchen ihm nicht mehr, in allen Dingen des täglichen Lebens wird er hilflos wie ein kleines Kind und muss bald rund um die Uhr versorgt werden.

Dabei verursacht die Krankheit normalerweise keine Schmerzen und auch fühlen kann man alles nach wie vor. Der Geist bleibt ebenfalls hellwach; wenn allerdings die Zunge gelähmt ist, ist eine normale Gesprächsführung ohne technische Hilfsmittel natürlich nicht mehr möglich.

Der Krankheitsverlauf ist sehr unterschiedlich, die durchschnittliche Lebenserwartung beträgt nach der Diagnosestellung noch ca. drei bis vier Jahre. Bei manchen verläuft die Krankheit rasant, innerhalb eines Jahres - manche Patienten leben zehn oder mehr Jahre damit. Es ist kaum möglich, zu Beginn der Krankheit eine Prognose zu stellen.

Zum Zeitpunkt dieser Diagnose war ich 40 Jahre alt, glücklich verheiratet, Mutter von fünf Kindern - unser jüngster Sohn war erst acht Jahre alt. Ich war nie ernsthaft krank gewesen, stand „mit beiden Beinen im Leben“.

Plötzlich schien mein Leben zu Ende zu sein. Die Symptome wurden bald unübersehbar: Innerhalb der ersten zwei bis drei Jahre nach der Diagnose baute mein Körper zusehends Muskelfunktionen ab.

Zuerst brauchte ich Hilfe im Haushalt, denn ich konnte nichts mehr greifen oder festhalten. Fahrradfahren wurde unmöglich, bald musste ich auch das Autofahren aufgeben. Kurz darauf konnte ich nicht mehr gehen, nicht mehr stehen, war auf den Rollstuhl angewiesen. Am schlimmsten zu ertragen war es, die gewohnte Selbstständigkeit komplett zu verlieren: Ich konnte mich nicht mehr selbst versorgen, brauchte immer mehr Hilfe beim Waschen und Anziehen, auf der Toilette, beim Essen.

Hilflosigkeit machte sich breit - sowohl im praktischen Leben als auch in meinen Gedanken. Ich fühlte mich ausgeliefert und völlig machtlos. Ich erinnerte mich an ein Erlebnis, das ich einige Jahre zuvor gehabt hatte:

Meine Tochter und ich teilten die Leidenschaft für Pferde. Ab und zu unternahmen wir einen gemeinsamen Ausritt. Eines Nachmittags im Frühling ritten wir auf einem langen, schnurgeraden Feldweg. Weit und breit war niemand sonst zu sehen - eine wunderbare Gelegenheit für einen ausgedehnten Galopp. Unsere Pferde rannten los. Plötzlich merkte ich, wie mir die Situation entglitt. Die Pferde waren offenbar in Konkurrenz miteinander getreten und lieferten sich ein wildes Rennen, während wir Menschen uns nur noch als Statisten tragen lassen konnten. Aber ich sah, dass wir bald am Ende des Weges ankommen würden, an einer T-Kreuzung. Wir mussten anhalten! Während meine Tochter ihr Pferd gerade noch rechtzeitig zügeln konnte, reagierte mein Renner auf nichts und niemanden mehr - das Tier war „durchgegangen". Der Weg war zu Ende, doch mein Pferd galoppierte einfach weiter geradeaus und sprang mit einem Satz auf ein frisch gepflügtes matschiges Feld. Nach einigen Metern schien die Stute ihren Irrtum endlich zu bemerken und sie bremste sehr abrupt ab. Ich konnte daraufhin nur noch der Schwerkraft folgen und fand mich auf dem feuchten Ackerland wieder.

Durch meine Krankheit fühlte ich mich in diese skurrile Situation zurückversetzt: Hilflos einem

„galoppierenden Schicksal" ausgeliefert, das nach menschlichem Ermessen nur mit einem großen Crash enden konnte.

Aber kann das sein? Nein, nicht ein blindes Schicksal diktiert meinen Lebensweg, sondern der lebendige Gott hält mein Leben in seiner liebenden Hand!

Ich klammerte mich an Zusagen aus dem Wort Gottes, die mir nach dem ersten Schock der Diagnose wieder ein festes Fundament gaben - auch wenn ich meinte, dass mir der Boden unter den Füßen weggezogen würde. Mein Herr und Gott machte mir Mut.

Fürchte dich nicht, denn ich bin mit dir! Habe keine Angst, denn ich bin dein Gott! Ich stärke dich, ja, ich helfe dir, ja, ich halte dich mit der Rechten meiner Gerechtigkeit.

Jesaja 41,10

Fürchte dich nicht, denn ich habe dich erlöst. Ich habe dich bei deinem Namen gerufen, du bist mein.

Jesaja 43,1

Ich wollte mich nicht fürchten. Aber drei Jahre nach der Diagnose war es nicht mehr zu übersehen, dass auch die Atemmuskulatur bereits angegriffen war. Das Atmen wurde mühsamer, vor allem nachts kam ich nicht zur Ruhe, wachte immer wieder mit Luftnot auf, wagte kaum noch einzuschlafen. Der Tod kündigte sich unmissverständlich an.

Mein Herr und mein Gott, ist das dein Plan? Muss ich wirklich schon jetzt sterben? Was wird aus meinen Kindern?

Ich war traurig, manchmal mutlos. Dann flehte ich Gott an und versuchte, mit ihm zu handeln: „Wenn du beschlossen hast, dass ich an dieser Krankheit sterben soll, dann lass es doch möglichst bald geschehen! Du hast versprochen, für meine Kinder zu sorgen – dann erspare ihnen doch wenigstens diese quälende Erfahrung, das langsame Siechtum ihrer Mutter mit ansehen zu müssen. Und ich selbst, ich kann es auch kaum ertragen, so lange im Ungewissen in dieser Todeszelle zu sitzen!"

Auf diese und ähnliche Gebete antwortete Gott auf sehr ungewöhnliche Weise: Er zeigte mir, welche Auswirkungen meine Krankheit langfristig auf mich selbst und auf meine Umgebung hatte.

Nie zuvor hatte ich selbst eine so persönliche und intensive Beziehung zu meinem Herrn und Gott. Ich lebe nun viel bewusster in der Abhängigkeit von meinem Heiland Jesus Christus.

Außerdem bemerkte ich erstaunt, wie Gott Menschen in meinem Lebensumfeld ansprach, z. B. Pflegekräfte, die inzwischen durch die Gnade Gottes neues, ewiges Leben empfangen haben.

Wenn Menschen durch meine Krankheit zum lebendigen Glauben an Jesus Christus gekommen sind, dann ist das allein „alle Mühe wert"!

Aufgrund dieser Erfahrungen war und bin ich weiterhin fest davon überzeugt, dass Gott keine

Fehler macht: „Wir wissen aber, dass denen, die Gott lieben, alle Dinge zum Guten mitwirken, denen, die nach seinem Vorsatz berufen sind" (Römer 8,28).

Wenn ich den biblischen Bericht über König Hiskia (Jesaja 38,1-5) lese, dann wird mir plastisch vor Augen geführt, wie gnädig Gott auch mit mir handelt! Auch mir hat der Herr unverhofft weitere Lebensjahre „geliehen". In Westeuropa im 21. Jahrhundert ist es mithilfe der modernen Medizintechnik möglich, die abbauende Atemmuskulatur durch maschinelle Beatmung zu unterstützen. Ich bekam eine Atemmaske zur Entlastung der geschwächten „Atempumpe", die ich zunächst stundenweise – während der Nacht – benutzte. Das Atmen wurde wieder leichter; der Tod verschwand allmählich wieder aus der ersten Reihe meiner Gedanken auf einen der hinteren Plätze.

Mittlerweile trage ich die Beatmungsmaske fast ständig, außer bei der Körperpflege. Ohne die maschinelle Atemhilfe kann ich zwar noch selbstständig atmen, doch es ist für mich äußerst anstrengend. Der Kraftaufwand ist zu vergleichen mit dem Zustand nach einem 100-m-Sprint: Durch die extreme Anstrengung ist man „außer Atem". Das Atmen läuft in einer solchen Situation nicht unbemerkt nebenbei ab, sondern man ringt bewusst nach Luft. Bei mir ist das subjektive Gefühl beim Atmen ohne Maske ganz ähnlich: Es ist weniger das Gefühl des Erstickens als vielmehr das Empfinden eines erheblichen Kräfteverbrauchs, der bei mir über kurz oder lang zum Zusammenbruch der

Atmung durch Überanstrengung der Muskulatur führen würde.

Das Atemgerät presst mir die Atemluft mit einem ärztlich festgelegten Beatmungsdruck in die Luftwege. Dadurch wird die Atemmuskulatur unterstützt und entlastet, sodass ich nicht besonders angestrengt und konzentriert atmen muss und auch sprechen (und sogar singen!) kann.

Damit ist bis heute eine (allerdings zerbrechliche) Stabilität der Atmung gewährleistet. Wie lange noch? Das liegt in Gottes Hand.

Vordergründig betrachtet lebe ich noch, weil ein medizinisches Gerät eine lebenswichtige Körperfunktion, das Atmen, unterstützt. Ohne diese Maschine würde ich vermutlich innerhalb relativ kurzer Zeit ganz banal an Sauerstoffmangel sterben. Durch die maschinelle Beatmung wird verhindert, dass ich an den bereits eingetretenen Folgen meiner Erkrankung - einer erheblichen Schwäche der Atemmuskulatur - kurzfristig sterben muss. Ich kann das Beatmungsgerät dankbar aus Gottes Hand nehmen. Denn ER ist es, der mich am Leben erhält!

Trotz dieser nach wie vor schwierigen Lebensumstände bin ich fest davon überzeugt, dass Gott mich durch dieses Leben trägt. Er hat in den letzten Jahren so viele Gebete erhört und Wunder an mir getan: Durch seine Gnade darf ich immer noch leben, er hat mir - medizinisch kaum erklärbar - die Sprechfähigkeit bisher erhalten, der Krankheitsverlauf scheint sogar seit einigen Jahren zum Stillstand gekommen zu sein - sehr ungewöhnlich für diese Diagnose. Ich bin meinem Herrn und Gott unendlich dankbar dafür!

Niemandem zur Last fallen ...

Eine der größten Herausforderungen meines Lebens als „Pflegefall“ ist das Bewusstsein, dass meine krankheitsbedingten Beeinträchtigungen und meine körperliche Hilflosigkeit zwangsläufig Kreise ziehen. Nicht nur mein persönliches Leben wird davon in Mitleidenschaft gezogen, sondern das Leben meiner ganzen Familie ist von meiner Krankheit geprägt und belastet.

Meine Kinder sind mittlerweile erwachsen und selbstständig und haben ihren jeweils eigenen Lebensbereich - sie werden mit meinen eingeschränkten Möglichkeiten nur noch bei Besuchen konfrontiert.

Mein Mann jedoch, der neben seiner Berufstätigkeit die notwendigen Pflegetätigkeiten abends und nachts sowie an den Wochenenden und während seines Urlaubs übernimmt, ist durch meine Situation zumindest ebenso stark beeinträchtigt wie ich selbst.

Wie die meisten Menschen möchte ich am liebsten „niemandem zur Last fallen“ - doch genau das ist unvermeidbar.

Viele Lasten sind Tag für Tag zu tragen. Mein banaler Alltag ist eine Last - für mich und für andere.

Allein die sogenannte morgendliche Grundpflege ist mühsam und zeitaufwendig: Ich werde mit einem Patientenlifter, einer Art elektrischem Hebekran, aus dem Bett gehoben und in einen Duschrollstuhl gesetzt. Was sich so einfach anhört, ist eine Prozedur von rund 15 Minuten. Die Körperpflege selbst nimmt alles in allem noch einmal 30 Minuten in Anspruch; anschließend werde ich – wieder elektrisch – in meinen Elektrorollstuhl umgesetzt. Wenn ich dann am Frühstückstisch sitze, haben die alltäglichen Verrichtungen Aufstehen, Waschen und Anziehen bereits eine ganze Stunde Zeit gebraucht und eine Unmenge einzelner Handgriffe seitens meiner Pflegekraft erforderlich gemacht. Eine weitere Stunde wird für die Medikamentengabe und das Frühstück benötigt; alle Nahrungsmittel müssen hergerichtet, klein geschnitten und einzeln „angereicht" (das heißt: in den Mund gesteckt) werden. Ich darf während des Essens nicht viel sprechen, sondern muss sehr vorsichtig und konzentriert kauen und schlucken, denn immer lauert die Gefahr des Verschluckens. Da meine Lungen nur noch mit einem Bruchteil des normalen Volumens arbeiten, ist auch der Hustenstoß sehr schwach und ich kann mich von aspirierten Nahrungsstückchen kaum selbst befreien.

Volle zwei Stunden intensive Arbeit einer Pflegekraft braucht das, was ein gesunder Mensch innerhalb von 20 bis 30 Minuten allein und ohne besondere Konzentration erledigen kann.

Anschließend begebe ich mich an meinen Schreibtisch. Um am Computer arbeiten zu können, brauche ich wieder umfangreiche Assistenz: Der rechte Arm wird auf einer Spezialvorrichtung gelagert, die es mir ermöglicht, mit der Restkraft aus der Schulter die Außenkante des rechten Ringfingers bei Bedarf über das Touchpad gleiten zu lassen. Das eigentliche Schreiben wird allerdings von einem Sprachsteuerungsprogramm übernommen. Dazu muss ein kleines Mikrofon an den Bändern meiner Atemmaske befestigt werden. Auf diese Weise wird mein Diktat zu einem geschriebenen Text.

Während ich arbeite, muss meine Assistentin viele zusätzliche Kleinigkeiten erledigen: die Atemmasken müssen gereinigt werden, das Beatmungsgerät braucht regelmäßig neue Filter, Medikamente müssen bestellt und Arzttermine bestätigt werden … und nebenbei sind auch noch einige Tätigkeiten im Haushalt zu verrichten. Zudem ist die Pflegekraft immer in „Rufbereitschaft“: Wenn meine Nase läuft, wenn ein Auge tränt, wenn eine Haarsträhne ins Gesicht gefallen ist … oder wenn das Telefon klingelt, wenn der Postbote eine Unterschrift braucht … Meine Assistentin ersetzt mir in allen Dingen Hände und Füße.

Wenn ich nach draußen möchte, muss mir jemand die Tür öffnen und eine Rollstuhlrampe auslegen. Wenn ich lesen möchte, muss jemand das Buch in ein elektrisches Blattwendegerät einspannen und den Taster zum Auslösen der Funktion genau unter meinem Handballen fixieren. Wenn ich mit dem Auto irgendwohin fahren möchte, dann muss ich für die dafür notwendige Prozedur –

Anziehen, über die Hebebühne in mein Behindertenfahrzeug fahren, Sicherheitsgurte anlegen - 10 bis 15 Minuten Zeit einplanen: intensive Arbeitszeit für meine Pflegekraft oder für meinen Mann.

Mehrmals am Tag muss ich mit viel Aufwand und Technik umgesetzt werden, z. B. auf den Toilettenstuhl oder zum Windelwechsel, da ich aus anatomischen Gründen keinen Blasenkatheter mehr tragen kann. Ich kann alles nur passiv mit mir geschehen lassen und muss es ertragen, keine Intimsphäre mehr zu haben und einer anderen Person Stunde um Stunde viel Arbeit zu machen - eine Last zu sein.

An jedem Arbeitstag kümmert sich jeweils eine ausgebildete Pflegekraft von 8:00 Uhr morgens bis 20:00 Uhr abends, während der berufsbedingten Abwesenheit meines Mannes, liebevoll um meine körperlichen Bedürfnisse. Für die Pflegerinnen ist es der Beruf, mit dem sie ihren Lebensunterhalt verdienen. Das ist für mich in gewisser Weise ein tröstlicher Gedanke.

Doch abends, nachts, am Wochenende, während seiner Urlaubstage … ist mein Mann im Dauereinsatz, auch nach einem ausgefüllten Arbeitsalltag. Allein das „Zu-Bett-Gehen" ist ähnlich langwierig und mühsam wie das morgendliche „Aufstehen".

„Das ist doch selbstverständlich. Du fällst mir nicht zur Last", sagt er.

Es ist dennoch nicht zu verleugnen: Die Belastung ist enorm. Die Situation ist vergleichbar mit dem Alltag einer Mutter, die ein neugeborenes Baby Tag und Nacht versorgt - nur dass ich leider nicht mehr so handlich und leicht zu transportieren bin wie ein Säugling. Ein kleines Kind wächst und wird immer selbstständiger; meine Situation wird nach menschlichem Ermessen im Lauf der Zeit nicht weniger mühsam.

Unsere Beziehung als Ehepaar ist oft in der Gefahr, in eine Patienten-Pfleger-Beziehung abzugleiten. Ich kann nicht allein im Haus bleiben - was wäre, wenn das Beatmungsgerät plötzlich ausfällt, wenn die Elektronik des Rollstuhls überraschend versagt …? Allein bin ich hilflos wie ein Säugling, könnte nicht einmal telefonieren. Dementsprechend ist auch mein Mann „ans Haus gebunden“, kann eigene Termine nur dann wahrnehmen, wenn eine andere Person - ein „Babysitter“ - in dieser Zeit für mich sorgt. Wider Willen bin ich der „Klotz am Bein“.

Das alles wird nie wieder aufhören - bis ich beim Herrn bin!

Manchmal tragen wir schwer an dieser Last.

Unsere Zeit in Gottes Hand

Und denke an deinen Schöpfer (…), bevor die Tage des Übels kommen und die Jahre herannahen, von denen du sagen wirst: Ich habe kein Gefallen an ihnen!

Prediger 12,1

Die Tage sind da, von denen wir manches Mal seufzend sagen: Sie gefallen uns nicht! Welch eine

Gnade, dass unser Lebensfundament schon zuvor auf Jesus Christus gegründet war.[23]

Allein vor diesem Hintergrund ist es für mich möglich, meine Lebenssituation vorbehaltlos aus der Hand Gottes anzunehmen. Leben und Tod – mein Leben und mein Tod – gehören meinem Herrn und Heiland Jesus Christus. Dabei ist meine Einstellung zu meinem Leben und meinem Tod im Verlauf meiner Krankheit durchaus ambivalent geworden: Einerseits freue ich mich darüber, dass Gott mir trotz der niederschmetternden Diagnose unerwartet noch einige Jahre geschenkt hat – andererseits sehne ich mich danach, meinen kranken Körper, den ich nur noch als Bürde empfinde, im Tod (oder in der Entrückung!) zurückzulassen, um endlich in der ewigen Herrlichkeit bei meinem Herrn zu sein!

So gleicht (…) der Körper, in dem wir hier auf der Erde leben, einem Zelt, das eines Tages abgebrochen wird. Doch wir wissen: Wenn das geschieht, wartet auf uns ein Bauwerk, das nicht von Menschenhand errichtet ist, sondern von Gott, ein ewiges Haus im Himmel. In unserem irdischen Zelt seufzen wir, weil wir uns nach der Wohnung sehnen, die aus dem Himmel stammt, und am liebsten würden wir den neuen Körper wie ein Gewand direkt über den alten anziehen. Denn nur dann, wenn wir den neuen Körper angezogen haben, werden wir nicht unbekleidet dastehen. Ja, solange wir noch in unserem irdischen Zelt wohnen, wo so vieles uns bedrückt, seufzen

---

[23] Siehe 1. Korinther 3,11

wir voll Sehnsucht, denn wir möchten den jetzigen Körper am liebsten gar nicht erst ablegen müssen, sondern den künftigen unmittelbar darüber anziehen. Auf diese Weise würde das, was sterblich ist, sozusagen vom Leben verschlungen. … Und doch sind wir voll Zuversicht, und unser größter Wunsch ist, das Zuhause unseres irdischen Körpers verlassen zu dürfen und für immer daheim beim Herrn zu sein. Daher haben wir auch nur ein Ziel: so zu leben, dass er Freude an uns hat – ganz gleich, ob wir schon bei ihm zu Hause oder noch hier in der Fremde sind.

2. Korinther 5,1-4.8-9; NGÜ

Ist das Realitätsflucht? Verdrängung? Versuche ich mir mein beschwerliches Leben schönzureden durch die Wunschvorstellung eines vollkommen problemfreien Lebens? Keineswegs! Die feste Basis für meine zuversichtliche Hoffnung ist das in allen Aussagen absolut zuverlässige Wort Gottes.

Mein Wunsch, bald bei meinem Herrn zu sein, ist auch dem Apostel Paulus durchaus geläufig:

Denn der Inhalt meines Lebens ist Christus, und deshalb ist Sterben für mich ein Gewinn. Andererseits kann ich, solange ich noch hier auf der Erde lebe, eine Arbeit tun, die Früchte trägt. Daher weiß ich nicht, was ich vorziehen soll. Ich bin hin- und hergerissen: Am liebsten würde ich das irdische Leben hinter mir lassen und bei Christus sein; das wäre bei weitem das Beste.

Philipper 1,21-23, NGÜ

Manchmal gehen die Gedanken spazieren: Was wäre, wenn …

... wenn ich schon 25 Jahre früher an ALS erkrankt wäre?
Beatmungsgeräte waren zwar bereits entwickelt, jedoch nur für die Intensivstation. Die sogenannte Heimbeatmung ist eine Errungenschaft der letzten 15 bis 20 Jahre. Für Patienten mit einer fortschreitenden Schwäche der Atemmuskulatur gab es bis in die 90er-Jahre des 20. Jahrhunderts außerhalb der Intensivmedizin keine Behandlungsmöglichkeit.

Unter diesen Umständen wäre auch ich vermutlich schon vor acht oder neun Jahren gestorben.

... wenn ich in einem anderen Land leben würde?
In Deutschland und in einigen anderen Industrienationen ist die Versorgung mit einem Beatmungsgerät eine Standardtherapie geworden – in Deutschland sogar vollständig von den Krankenkassen finanziert. In den meisten Regionen dieser Erde ist diese Technik allerdings schlichtweg nicht verfügbar oder nicht bezahlbar. Der krankheitsbedingte Abbau der Atemmuskulatur führt dadurch fast überall auf der Welt unaufhaltsam und rasch zu einem „natürlichen Tod" durch den Zusammenbruch der Atmung.

... wenn die nicht-invasive Maskenbeatmung eines Tages nicht mehr ausreicht, weil die Atemmuskulatur zu schwach geworden ist, um selbst mit Druckunterstützung noch genügend Sauerstoff aufzunehmen?
Hätte ich dann die (moralische) Verpflichtung, eine invasive Beatmung, ein Tracheostoma, auf mich zu

nehmen? Wäre die Verweigerung eines dafür notwendigen Luftröhrenschnitts auch eine Form von Selbstmord? Würde ich damit selbst über meinen Tod bestimmen?

Oder würde ich die mithilfe der Medizintechnik von Gott „geliehenen" Jahre meines Lebens nicht vielmehr dankbar vor Gottes Thron legen und mit ruhiger Gewissheit sein gnädiges Handeln mit mir erwarten?

… wenn ich eines Tages sagen würde: „Nein, heute will ich die Beatmungsmaske nicht mehr aufsetzen. Es ist genug."
Wäre das Selbstmord? Hätte ich damit mein Leben selbst in die Hand genommen? Oder hätte ich es nicht vielmehr in die Hände dessen zurückgegeben, dem es ohnehin gehört?

*

Niemand von uns lebt für sich selbst, und niemand stirbt für sich selbst. Leben wir, dann leben wir für den Herrn, und sterben wir, dann sterben wir für den Herrn. Ganz gleich also, ob wir leben oder sterben: Wir gehören dem Herrn.

Römer 14,7-8; Hfa

6 Lebensqualität und Menschenwürde – zwei Eckpunkte der Sterbehilfediskussion

Der Film „Liebe“ (2012) des österreichischen Regisseurs Michael Haneke erhielt etliche internationale Auszeichnungen, unter anderem im Februar 2013 einen Oscar als „bester fremdsprachiger Film“.

Mit ausdrucksstarken Bildern erzählt der Film die Geschichte eines alten Ehepaars, das sich mit einer herausfordernden Situation auseinandersetzen muss: Durch mehrere Schlaganfälle wird die Ehefrau zu einem „Pflegefall“, ist körperlich schwer beeinträchtigt und schließlich nicht mehr kommunikationsfähig. Der Ehemann pflegt sie aufopferungsvoll, gerät aber selbst bald an die Grenzen seiner Belastbarkeit. Die Bürde des Lebens jenseits der gewohnten Normalität entwickelt sich für beide Ehepartner nach und nach zu einem untragbaren Elend. Das bedrückende Ende des Films zeigt die scheinbare Ausweglosigkeit und Unerträglichkeit der Lebenssituation sowohl der pflegebedürftigen Frau als auch ihres überforderten Mannes: Er weiß sich schließlich nicht mehr zu helfen und setzt dem Leben seiner Frau ein Ende.

Die Lebensqualität des wohlhabenden alten Ehepaars wird sorgfältig kontrastiert: Vor dem ersten Schlaganfall sind beide gebildet und kultiviert und pflegen eine harmonische Beziehung zueinander. Sie führen ein friedliches Leben in geruhsamen Bahnen. Durch die Erkrankung und die damit einhergehenden, sich stetig verschlimmernden Beeinträchtigungen bricht das wacklige Fundament eines Lebens ohne Gott schnell in sich zusammen. Eine Lebensqualität, die sich an Äußerlichkeiten orientiert – körperliche Unversehrtheit, Selbstständigkeit, Teilnahme am kulturellen Leben, Unabhängigkeit –, erweist sich in der Belastungsprobe als unzureichend.

Die Darstellung des körperlichen und geistigen Verfalls einer zuvor feinsinnigen und sensiblen Musikerin scheint den Begriff der Menschenwürde zu karikieren. Aus der eleganten alten Dame machen mehrere Schlaganfälle ein menschliches Wrack, das keine Kontrolle mehr über die elementaren körperlichen Vorgänge (Nahrungsaufnahme, Ausscheidung, Fortbewegung) hat und zu keiner zielgerichteten Kommunikation mehr fähig ist. Der ungeschützte Anblick ist durch das realitätsnahe Spiel auch im Film nur schwer zu ertragen. Kann ein Mensch in diesem Zustand noch in Würde leben?

Die konsequente Folge des kompletten Zusammenbruchs von Lebensqualität und Menschenwürde, so suggeriert es der Film, ist der (gewaltsame) Tod – eine zwar schreckliche, aber für den Zuschauer „verständliche" Konsequenz.

Der Mensch ohne Gott findet manchmal keinen anderen Ausweg, wenn die Lebensqualität völlig zerstört scheint und die Menschenwürde am Boden liegt.

Hat ein Christ eine grundsätzlich andere Lebensqualität?

Woher bezieht ein Christ seine Menschenwürde?

Was ist Lebensqualität?

Bei Vorträgen oder persönlichen Begegnungen sehe ich manches Mal Tränen des Mitleids in den Augen meiner Gesprächspartner. „Was ist das für ein Leben, das du jetzt führst?", werde ich gefragt. „Was hast du denn noch vom Leben?"

Manchmal, auf einer seelischen Talsohle, fange ich an – wie mancher Psalmdichter –, mit Gott zu streiten: *Wozu soll ich das alles noch durchmachen? Ist es nicht langsam genug? Ich möchte Schluss machen mit dieser Krankheit, einfach aus dem Rollstuhl aufstehen, mal wieder etwas anderes tun … Ist dieses Leben denn noch lebenswert?*

Welche Qualität hat mein Leben denn?

Wie lange noch, Jahwe, vergisst du mich ganz?
Wie lange noch verbirgst du dich vor mir?
Wie lange noch sollen die Sorgen mich quälen, ist Tag für Tag Kummer in mir?
Wie lange noch wird der Feind mich bedrängen?

Schau doch her! Antworte mir, Jahwe, mein Gott!
Gib Licht meinen Augen, dass ich nicht in Todesnacht falle.

Psalm 13,2-4; NeÜ

Der Begriff „Lebensqualität“ stammt aus der soziologischen Forschung der 1970er-Jahre; seine genaue Bedeutung ist nur schwer zu fassen. „Lebensqualität“ ist keine absolute Größe, sondern orientiert sich immer am Vergleich mit anderen. Will man seine persönliche Lebensqualität bestimmen, so muss man vergleichen: Es geht mir (wirtschaftlich, gesundheitlich, in Bezug auf Erfolg ...) besser als X., aber schlechter als Y. ... Bei den meisten Menschen führt ein solcher Vergleich allerdings zu Neid und Unzufriedenheit. Letztlich versucht man, mit dem Begriff „Lebensqualität“ die allgemeine Lebenszufriedenheit eines Individuums festzustellen und die Garanten der Lebensfreude zu benennen.

Die Faktoren, die für eine „gute“ Lebensqualität wichtig sind, können dabei durchaus variieren – materieller Wohlstand kann ebenso die persönliche Lebensqualität bestimmen wie Gesundheit oder soziale Stellung. Besonders häufig wird ein „Mangel an Lebensqualität“ bei schweren gesundheitlichen Beeinträchtigungen festgestellt. Dabei wird die Frage aufgeworfen, ob ein Leben jenseits jeglicher „Normalität“ überhaupt noch lebenswert sein kann.

Doch wodurch wird Lebensfreude hervorgerufen? Welche „Wohlfühlfaktoren“ braucht ein Mensch, um sein Leben als qualitativ wertvoll zu empfinden? Erhöht man durch Verbesserung der Lebensumstände auch zwangsläufig die Lebensqualität? Wer definiert, was „gute" oder „schwierige" Lebensumstände sind?

Es ist eine Binsenweisheit, dass persönliche Lebensumstände sehr subjektiv empfunden werden. Ein möglicher Orientierungspunkt für die persönliche Lebensqualität ist beispielsweise das Verhältnis zwischen dem, was eine Person sich wünscht (z. B. materiell, gesundheitlich, sozial ...) und der Lebensrealität dieser Person.

Ob man jemanden wegen seiner Lebenssituation beneidet oder bemitleidet, hängt nicht zuletzt davon ab, was man selbst für „normal" hält oder was man sich wünscht - oder ob man als Christ seine eigenen, vielleicht nicht ganz idealen Lebensumstände dankbar aus der Hand Gottes nehmen kann! Für einen Christen zählt nicht nur die „Lebensqualität" seines üblichen Alltags; vielmehr darf ein Christ in dem Bewusstsein leben, dass er durch die Gnade des Herrn Jesus Christus bereits das ewige Leben in sich trägt, das in der ewigen Herrlichkeit bei Gott zu seiner vollen Entfaltung kommt. Daher lebt man als Christ zukunftsorientiert.

Für einen Christen hat Lebensqualität vor allem mit seiner Beziehung zu Gott zu tun. Als Christ weiß ich, dass ich allein aus der Gnade Gottes lebe, dass ich Gesundheit oder Wohlergehen oder ein Leben in Freiheit nicht etwa verdiene. Ein konsequent an Gottes Wort orientierter Lebensstil kann zu tiefer Dankbarkeit angesichts der unfassbaren Gnade

Gottes führen – doch diese dankbare Grundeinstellung ist nicht nur eine Typfrage, sondern vor allem eine bewusste Willensentscheidung, die einen enormen Einfluss auf meine subjektiv empfundene Lebensqualität hat.

Ein Beispiel:

Ein warmer, heller Sommertag. Auf meinem Pferd reite ich über unbefestigte Feldwege, vorbei an kräftig grünen Rübenfeldern und einem riesigen Kartoffelacker. Aus dem Feldrain fliegt wenige Meter vor mir mit viel Getöse ein Fasan auf. Die scheinbare Unbeholfenheit des Vogels entlockt mir ein Lächeln. Im Galopp zerzaust der Wind mir die Haare.

Dies ist der Tag, den der HERR gemacht hat! Seien wir fröhlich und freuen wir uns in ihm!

Psalm 118,24

Ein warmer, heller Sommertag, einige Jahre später. Mit meinem Elektrorollstuhl fahre ich über asphaltierte Feldwege, vorbei an intensiv duftenden Rapsfeldern und weiten Flächen mit fast reifem Weizen. Der laute Gesang einer Feldlerche lässt mich nach oben blicken: Der Vogel ist hoch in die Luft gestiegen und scheint pure Lebensfreude zu verkünden. Ein sanfter Wind spielt mit meinen Haaren.

Die Herrlichkeit des HERRN sei ewig! Der HERR freue sich seiner Werke! Singen will ich dem HERRN mein Leben lang, ich will meinem Gott spielen, solange ich bin.

Psalm 104,31.33

Wenn ich meine Lebenssituation wieder umtauschen könnte, so würde ich es selbstverständlich liebend gern tun, das steht außer Frage. Doch ich habe mich dazu entschieden, mein Leben in jeder Situation - auch mit Krankheit und Behinderung - dankbar aus der Hand Gottes anzunehmen, denn ich möchte meinem Herrn und Heiland gehorchen. Das Wort Gottes fordert jeden Christen auf:

Sagt in allem Dank! Denn dies ist der Wille Gottes in Christus Jesus für euch.

1. Thessalonicher 5,18

Sagt allezeit für alles dem Gott und Vater Dank im Namen unseres Herrn Jesus Christus!

Epheser 5,20

Diese an Gottes Wort und an Gottes Willen ausgerichtete Dankbarkeit ist ein entscheidender Faktor meiner persönlichen Lebensqualität!

Was also ist Lebensqualität? Lebensqualität ist für einen Christen nicht in erster Linie von äußeren Umständen abhängig, sondern sie hat sowohl mit seiner persönlichen Einstellung als auch mit seiner Beziehung zu Jesus Christus zu tun, der von sich sagt: „Ich bin gekommen, damit sie Leben haben und es in Überfluss haben" (Johannes 10,10b). Ein solches Leben hat Qualität!

Zwar ist meine Situation nicht immer leicht zu ertragen, aber trotz allem kann ich sagen: Es geht mir gut. Ich habe unendlich viel Hilfe und werde so liebevoll versorgt, dass die körperlichen Probleme häufig in den Hintergrund treten. Ich kann in meiner Situation sagen: Mein Körper ist krank, aber meine Seele ist gesund, ich fühle mich getragen und geliebt von Gott und den Menschen meiner Umgebung – mir geht es gut! Mein Taufspruch, der neben meinem Schreibtisch an der Wand hängt, erinnert mich immer wieder daran, was Jesus Christus, mein Herr und Heiland, für mich (und für jeden, der sein Angebot annehmen will) getan hat:

„Ich freue mich im Herrn, und meine Seele ist fröhlich in meinem Gott; denn er hat mich angezogen mit Kleidern des Heils und mit dem Rock der Gerechtigkeit gekleidet" (Jesaja 61,10; Lut 1912).

Und trotzdem ... es gibt Tage, an denen ich das Gefühl habe, ich kann nicht mehr, ich schaffe es nicht, meine Kraft ist zu Ende. Solche Momente führen mir deutlich vor Augen, dass es nicht auf meine eigene Kraft ankommt und dass nicht meine eigene Willensstärke gefragt ist. Vielmehr zählt einzig und allein mein Vertrauen zu meinem Herrn und Gott, der meine gesamte Existenz in seiner Hand hält und mich auch und gerade in den schwersten Zeiten nie loslässt.

Bisher ist noch keine Versuchung über euch gekommen, die einen Menschen überfordert. Und Gott ist treu; er wird nicht zulassen, dass die Prüfung über eure Kraft geht. Er wird euch bei allen Versuchungen den Weg zeigen, auf dem ihr sie bestehen könnt.

1. Korinther 10,13; NeÜ

Was ist Menschenwürde?

Während Lebensqualität viel mit der persönlichen Einstellung einer Person zu tun hat, ist Menschenwürde eine unveräußerliche Eigenschaft, die Gott jedem Individuum schenkt. Doch weder die griechische Philosophie (als Grundlage des heute herrschenden Humanismus) noch die Gedanken der Aufklärung (die den Humanismus vollständig von der Bindung an Gott abkoppelte) kennen die Menschenwürde als Geschenk Gottes; stattdessen wird die Würde eines Menschen an dessen Vernunft, seinen (moralischen) Entscheidungen oder seinem allgemeinen Verhalten festgemacht. Aufgrund dessen ist es in diesen Gedankensystemen auch möglich, die Menschenwürde zu verlieren.

Die postmoderne, von Gott losgelöste Ethik kennt folgerichtig keine individuelle Menschenwürde, die jeder Person – vom Embryo bis zum sterbenden Menschen – allein durch ihr Menschsein innewohnt.

„Die Würde des Menschen ist unantastbar.“ – So lautet Art. 1, Abs. 1 des deutschen Grundgesetzes. Menschenwürde ist ein festgeschriebenes Wesensmerkmal jedes menschlichen Lebens. Das Grundgesetz der Bundesrepublik Deutschland bezieht sich in dieser Festschreibung – wenn auch nicht ausdrücklich – auf die christliche Lehre auf Grundlage der Bibel. Im Schöpfungsbericht (1. Mose 1,27) kommt klar zum Ausdruck, dass der Mensch als Ebenbild Gottes geschaffen wurde: „Und Gott schuf den Menschen nach seinem Bild, nach dem

Bild Gottes schuf er ihn; als Mann und Frau schuf er sie." Daraus folgt, dass jedes menschliche Wesen die gleiche Menschenwürde als Geschenk des Schöpfers erhält, denn „es ist kein Ansehen der Person bei Gott" (Römer 2,11). Das bedeutet nicht etwa, dass Gott die Menschen, die er geschaffen hat, nun nicht mehr anschaut. Dieser Vers drückt vielmehr aus, dass Gott keine Unterschiede macht: Jeder Mensch ist vor Gott gleich wertvoll und einzigartig, denn Gott hat ihn nicht nur ins Leben gerufen (wie er das auch bei Tieren und sogar Pflanzen tut), sondern jede Person ist auch als „Spiegelbild" Gottes angelegt. Diese Würde als Ebenbild Gottes schenkt Gott keinem anderen seiner Geschöpfe, auch nicht dem edelsten Tier. Die Menschenwürde ist per Definition allein dem Menschen vorbehalten!

In Deutschland hat auch das Bundesverfassungsgericht schon vielfach den Begriff der Menschenwürde definiert: „Es ist damit jener Wert- und Achtungsanspruch gemeint, der dem Menschen kraft seines Menschseins zukommt, unabhängig von seinen Eigenschaften, seinem körperlichen oder geistigen Zustand, seinen Leistungen oder seinem sozialen Status."[24]

Mit der biblischen Definition und der Bestätigung durch das Grundgesetz und das Bundesverfassungsgericht sollte eigentlich das Thema

---

[24] Quelle: http://de.wikipedia.org/wiki/Menschenwürde; Definition des Bundesverfassungsgerichts, abgerufen am 22. April 2013

„Menschenwürde" in Deutschland nicht mehr zur Diskussion stehen - doch das ist durchaus nicht der Fall, wie gerade auch die öffentliche Debatte über Sterbehilfe immer wieder zeigt.

Die Würde eines behinderten, todkranken oder sterbenden Menschen scheint im Gegenteil im konkreten Einzelfall entscheidend abhängig von seinem körperlichen oder geistigen Befinden zu sein. Ein postulierter „würdeloser Zustand" - wie in dem erwähnten Film „Liebe" - scheint Menschen das Recht zu geben, über Leben und Tod selbst zu bestimmen.

Das ist seltsam unlogisch: Auch ein (gesundes) kleines Kind benötigt Hilfe, Aufsicht, intensive Pflege; es kann sich nicht verständlich äußern und lebt in vollkommener Abhängigkeit von anderen Menschen - und doch käme vorerst niemand ernsthaft auf die Idee, das Töten eines hilflosen Kleinkinds aufgrund angeblich fehlender Menschenwürde für einen Akt der Nächstenliebe zu halten![25]

Die Medien berichten von entsetzlichem Leid (siehe Kapitel 3), und häufig wird in der Öffentlichkeit der Schluss gezogen, dass die dargestellten qualvollen Situationen nicht mit der Menschenwürde zu vereinbaren sind. Ein körperlich und/

---

[25] Bei ungeborenen behinderten Kindern ist das in Deutschland heute bereits anders: Wird bei einem Kind während der Schwangerschaft beispielsweise ein Downsyndrom diagnostiziert, rät man den Eltern im Allgemeinen zur Abtreibung. Mit großem „Erfolg": Nach einer Statistik aus dem Jahr 1999 wurden damals 94,5 % aller Kinder mit Downsyndrom bereits im Mutterleib getötet.

oder geistig stark beeinträchtigter Mensch scheint aus dieser Sichtweise „zu einem menschenunwürdigen Dasein verdammt" zu sein.

Diese Schlussfolgerung liegt nahe in einer Welt, die Gott völlig aus dem Denken ausgeklammert hat. Wenn Gott nicht als souveräner Schöpfer akzeptiert wird, muss man folgerichtig auch den Gedanken der Menschenwürde als Geschenk Gottes verwerfen. Die Würde eines Menschen hat ohne Gott kein Fundament mehr und bröckelt in den Grenzsituationen des menschlichen Lebens.

Wenige Jahre nach meiner ALS-Diagnose konnte ich weder gehen noch stehen, noch meine Hände gebrauchen. Viele Stunden am Tag verbrachte ich in einem Spezialsessel. Tag für Tag lag meine alte Hündin Kati neben mir und wurde zusehends gebrechlicher. Der große Bobtail-Mischling war fast 15 Jahre alt und die Beschwerden des Alters machten dem Hund zu schaffen. Katis Augen waren nahezu blind, das Gehör hatte nachgelassen, auch der Geruchssinn schien langsam zu verblassen. Dazu kam eine offenbar schmerzhafte Arthrose. Schließlich konnte die Hündin nicht mehr aus eigener Kraft aufstehen, hatte keine Blasenkontrolle mehr und bekam sogar ein offenes Dekubitus-Geschwür am Hüftknochen. Der sanfte Blick des alten Tieres schien zu sagen: *Hilf mir doch!* Ich konnte ihr nicht helfen, war ich doch selbst hilflos.

Bei einem alten und kranken Hund muss eine Entscheidung getroffen werden. In aller Regel lautet der unvermeidliche Entschluss: schmerzlose

Tötung beim Tierarzt. Man kann und will dem Tier weitere Leiden ersparen.

Mein Mann und mein Sohn machten sich schweren Herzens mit Kati auf den Weg zum Tierarzt. Ein letztes Mal ließ ich meine Hand über ihr weiches Fell gleiten. „Tschüss, Kati ...", sagte ich.

„Ein Tier muss sich nicht quälen und wird von seinem Leiden erlöst. Ist ein Mensch etwa weniger wert als ein Tier?!" – Diese provokative Frage wird nicht selten den „Gegnern" der Sterbehilfe-Freigabe gestellt.

Wenn der schöpfungsgemäße Unterschied zwischen Mensch und Tier verwischt wird, wenn Tiere und Menschen auf eine Stufe gestellt werden, dann bleibt zwangsläufig auch die Menschenwürde auf der Strecke. Aber der Mensch ist eben nicht etwa weniger wert als ein Tier, sondern ganz im Gegenteil: Der Mensch als Ebenbild Gottes hat in den Augen des Schöpfers einen unvergleichlich höheren Wert, der keinesfalls durch eine willkürliche Tötung von alten, kranken, gebrechlichen, leidenden Personen zerstört werden darf!

Ein Tier kann kein Bewusstsein für Leben und Tod entwickeln, es kann auch keine bewusste Beziehung zu Gott, seinem Schöpfer, eingehen. Die Bibel lässt nicht den eindeutigen Schluss zu, dass die Existenz eines Tieres fortgesetzt wird, wenn der Organismus tot ist.

Der Mensch hingegen hat nicht nur ein Bewusstsein für sich selbst und für Leben und Tod, sondern er hat das Vorrecht, in einer Beziehung zu dem allmächtigen und souveränen Gott leben zu dürfen.

Die Existenz eines Menschen endet nicht mit dem Tod des Körpers, jedes menschliche Wesen hat in jedem Fall eine ewige Existenz. Mehr noch: Jede Person, die eine Beziehung zu Gott durch Jesus Christus sucht und dadurch Sündenvergebung erfährt, bekommt das Geschenk des ewigen Lebens in der Gegenwart Gottes!

Ja, menschliches Leid ist manchmal unermesslich, doch es beraubt den Menschen nicht seiner Würde. Aus Mitleid wünscht man einem schwer kranken Menschen den Tod als Ende seiner Qualen. Die Entscheidung über den Tod eines Menschen steht allerdings immer der Souveränität des allmächtigen Schöpfers zu. Doch als Christen wissen wir, „dass die Leiden der jetzigen Zeit nicht ins Gewicht fallen gegenüber der zukünftigen Herrlichkeit, die an uns geoffenbart werden soll" (Römer 8,18).

7 Hilflos zusehen müssen … – die Not der Angehörigen

Handeln und unterlassen – eine Gratwanderung der Gefühle

Wenn ein Christ sich im Alter oder aufgrund einer schweren Erkrankung dem Tod nähert, wird er häufig von der Fürsorge und den Gebeten seiner Angehörigen und seiner Glaubensgeschwister begleitet. Das ist ein großer Trost und eine große Hilfe. Doch auch die Angehörigen sehnen sich nach Beistand - vor allem der Ehepartner, der im Begriff steht, den langjährigen Lebensgefährten und Geliebten zu verlieren.

In dieser emotional angespannten Lage haben die nächsten Angehörigen nicht selten auch mit Ängsten und Gewissenskonflikten zu kämpfen. Man will dem geliebten schwer kranken Menschen, der im Sterben liegt, auf alle erdenkliche Weise helfen - doch wie kann man helfen? Was kann man tun? Und was kann oder sollte man - vielleicht auf Wunsch des Sterbenden selbst - unterlassen?

Wie kann man in diesen Situationen nach dem Willen Gottes handeln?

Anja P. ist jung und lebenslustig. Sie arbeitet als Erzieherin und wohnt noch bei ihrer verwitweten Mutter. Die beiden Frauen engagieren sich in verschiedenen Gruppen ihrer Gemeinde. Die erschütternde Diagnose bricht nach den ersten bedrohlichen Symptomen wie ein Erdbeben über sie herein: Anja leidet an einer seltenen unheilbaren Erkrankung; nach ärztlicher Prognose beträgt ihre Lebenserwartung nach der Diagnose knapp zwei Jahre.

Innerhalb eines Jahres ist Anja körperlich so schwach, dass sie nur noch im Bett liegen kann und ständig versorgt werden muss. Anjas Mutter, Frau P., gibt ihre Berufstätigkeit auf und pflegt ihre Tochter liebevoll mit stundenweiser Hilfe eines ambulanten Pflegedienstes. Ihr körperlicher Zustand und die seelischen Qualen – die Hilflosigkeit, die Sehnsucht nach einem gesunden Leben – stürzen Anja und ihre Mutter in tiefe Verunsicherung. Manchmal sehnt sich Anja danach, sterben zu können, um bei ihrem Herrn zu sein – und doch hängt sie an ihrem Leben. „Ich bin doch noch jung …“, sagt sie traurig.

Schließlich bringt jeder Tag nur noch eine Verlängerung des Elends. Anja wird von Tag zu Tag schwächer und das Warten auf den Tod wird immer mühsamer. Wie lange noch? Wie lange kann Anja das zermürbende Warten noch ertragen? Wie lange kann ihre Mutter den kräftezehrenden Kampf noch mit ansehen? Wie kann sie der geliebten Tochter helfen?

Eines Morgens sagt die Krankenschwester vom Pflegedienst: „Ihr Zustand ist heute so schlecht, dass ich Sie am liebsten in ein Krankenhaus einweisen lassen würde. Doch die Entscheidung liegt bei Ihnen."

„Bitte schickt mich nicht ins Krankenhaus, Mama. Ich möchte bei dir zu Hause bleiben. Ich will keine weitere Behandlung mehr, bitte, Mama … lass mich sterben."

Frau P. ringt mit sich. Schwere Gewissensnöte brechen auf. Kann sie ihre Tochter wirklich einfach so sterben lassen, ohne noch einmal intensive ärztliche Hilfe in Anspruch zu nehmen? Vielleicht könnte man Anja doch noch am Leben erhalten? Ist es nicht ihre Fürsorgepflicht vor Gott, alles Menschenmögliche in Bewegung zu setzen, um Anjas Tod hinauszuzögern? Wäre es eine schuldhafte Vernachlässigung, eine Sünde in Gottes Augen, wenn sie nicht wenigstens den Versuch unternimmt, Anja im Krankenhaus helfen zu lassen? Wäre das tatenlose Abwarten nicht unterlassene Hilfeleistung?

Frau P. hält die aufgewühlten Emotionen, den inneren Zwiespalt kaum aus. Die Liebe zu ihrer Tochter drängt sie, irgendetwas zu unternehmen, nicht einfach still dazusitzen. Doch die schwachen Worte ihrer Tochter halten sie zurück: „Bitte, Mama … lass mich gehen."

Frau P. sitzt an Anjas Bett, sie hält ihre Hand. Sie liest ihrer Tochter aus der Bibel vor, sie betet mit Anja. Sie spürt, wie ihr Herz leichter wird in der Gegenwart Gottes.

Irgendwann sagt sie leise: „Du darfst gehen."

Herr L. ist 75 Jahre alt. Durch eine Kriegsverletzung ist er gehbehindert und hat seit Jahren häufig Schmerzen in dem betroffenen linken Bein. Eines Tages bekommt er plötzlich Lähmungserscheinungen in der rechten Körperhälfte. Der umgehend alarmierte Notarzt diagnostiziert einen Schlaganfall. Herr L. verbringt einige Zeit im Krankenhaus, überlebt eine zusätzliche schwere Lungenentzündung und wird nach etlichen Wochen schließlich erheblich geschwächt als Pflegefall entlassen: Die halbseitige Lähmung hat sich nicht zurückgebildet. Frau L. möchte ihren Mann gern zu Hause pflegen, ist jedoch mit der Situation völlig überfordert. Das alte Ehepaar sucht nach einem gangbaren Weg, die Situation für den Kranken so erträglich wie möglich zu gestalten.

Herr L. wird in einem Pflegeheim aufgenommen, das ganz in der Nähe der bisherigen Wohnung liegt. So kann Frau L. täglich viel Zeit mit ihrem Mann verbringen, ohne jedoch die Pflege in eigener Verantwortung übernehmen zu müssen.

Trotz der völlig geänderten Lebensumstände sind die Eheleute froh, dass sie weiterhin ihr Leben miteinander teilen können - wenn auch das gemeinsame Altwerden anders verläuft, als sie es erträumt hatten ...

Der barmherzige Gott schenkt ihnen noch zwei weitere Jahre des Zusammenseins, doch der Gesundheitszustand von Herrn L. verschlechtert sich zusehends. Zu den Lähmungen gesellen sich zermürbende Schmerzen, die mit immer stärkeren Medikamenten bekämpft werden müssen. Herr L. und seine Frau bereiten sich zusammen mit einem Seelsorger aus ihrer Gemeinde darauf vor, dass der allmächtige Schöpfer den schwer kranken Mann in Kürze in die Ewigkeit rufen wird. Letzte geistliche Hindernisse werden ausgeräumt, ungeklärte Situationen werden bereinigt – Herr L. ist bereit.

Doch Herr L. lebt. Es geht ihm allerdings immer schlechter, und er wird in ein Krankenhaus eingewiesen. Die Schmerzen werden immer heftiger, unerträglicher. Herr L. fleht das Pflegepersonal um noch mehr Schmerzmittel an, aber die ärztlich empfohlene Höchstdosis ist bereits erreicht.

„Lass mich nicht so elend sterben", stöhnt er ein ums andere Mal, wenn seine Frau ihm hilflos – und selbst am Rande der Verzweiflung – über das Haar streicht.

In tiefer Ratlosigkeit wendet sich Frau L. an das Pflegepersonal. Die Krankenschwestern sind voller Mitgefühl, doch sie sind an die Weisung des diensthabenden Arztes gebunden. Der Mediziner ist immer in Eile und beharrt auf seiner Dosierung. „Wenn ich die Dosis erhöhe, könnte es zu unerwünschten Nebenwirkungen kommen. Ich möchte diese Verantwortung nicht übernehmen. Wollen Sie Ihren Mann etwa umbringen?" Frau L. ist schockiert von der schroffen Art dieses Arztes, doch sie schweigt.

Die rasenden Schmerzen bringen Herrn L. an die Grenze dessen, was ein Mensch ertragen kann. Frau L. ist ebenso verzweifelt wie ihr Mann.

Nein, sie will ihren Mann nicht umbringen – aber sie will ihm die entsetzlichen Schmerzen auf dem Weg zum Tod erleichtern. Sie betet viel in diesen Stunden. Das Gebet gibt ihr die Kraft, etwas für sie völlig Untypisches zu tun: Sie sucht noch einmal das Gespräch mit dem Arzt. Diesmal lässt sie sich nicht abweisen; aus Liebe zu ihrem Mann bittet sie nachdrücklich und wiederholt um eine wirksame Schmerzlinderung. Schließlich gibt der Arzt nach. „Auf Ihre Verantwortung", sagt er noch.

Herr L. erfährt eine gewisse Linderung und erreicht bald das Tor zur Ewigkeit.

Unter dem Eindruck der letzten schrecklichen Stunden bleibt Frau L. wie betäubt zurück. In dem tiefen Schmerz und der Trauer über den Verlust ihres geliebten Ehemanns blitzen immer wieder Fragen auf: War es richtig, eine so hohe Dosierung zu fordern? Hat sie tatsächlich den Tod ihres Mannes verursacht, weil sie darauf bestanden hat? Hat sie sich vor Gott schuldig gemacht am Leben ihres Ehemanns?

„Gott hat ihn gerufen. Es ist gut so", sagt ihr Seelsorger.

Bitte kein Notarzt!

Unmittelbar nach der Krebsdiagnose fühlt sich Frau M., als sei sie in einen Strudel hineingerissen worden. Es geht alles rasend schnell: Krankenhaus, Operation, anschließend Chemotherapie. Dann scheint die Zeit still zu stehen: die Chemotherapie ist langwierig und extrem belastend; Frau M. stößt bald an ihre Grenzen. Die Ärzte machen ihr nicht viel Hoffnung: „Der Krebs war schon zu weit fortgeschritten, hat Metastasen gebildet. Man kann es weiterhin versuchen, doch die Aussichten auf Erfolg sind gering.“ Frau M. und ihr Mann sind sehr traurig, doch sie klammern sich an den Trost Gottes, der wie ein Fels in der Brandung ihres Lebens steht. Mit der Gewissheit, dass ihr Leben in Gottes Hand liegt, bricht Frau M. die Therapie ab und wird auf eigenen Wunsch nach Hause entlassen. Nach menschlichem Ermessen bleiben ihr noch einige Wochen zu leben.

Die Kräfte nehmen ab, die Schmerzen nehmen zu. Im Bewusstsein des nahenden Todes nimmt das Ehepaar jeden weiteren Tag voller Dankbarkeit aus der Hand Gottes. Bald ist Frau M. so schwach, dass sie kaum noch aufstehen kann; auch das Essen und Trinken erscheint ihr wie ein unüberwindlicher Kraftakt. Immer häufiger sagt sie: „Nein, lass mich. Ich kann nichts mehr essen.“ Herr M. ist voller Sorge um seine Frau und versucht immer wieder, ihr appetitliche Kleinigkeiten zu reichen, doch sie presst die Lippen zusammen und schüttelt den Kopf. Ihr ist so übel, das Essen ist so mühsam und auch das Trinken ist ihr zuwider. „Wenn du gar nichts mehr essen und trinken kannst, muss ich den Notarzt rufen. Ich mache mir solche Sorgen um dich!“

„Nein! Bitte kein Notarzt!“, sagt Frau M. „Er müsste mich künstlich ernähren lassen … das ertrage ich nicht mehr. Lass mich, bitte." Schweren Herzens geht Herr M. auf den Wunsch seiner Frau ein und bleibt an ihrer Seite.

Frau M. wird rapide immer schwächer. Die Tochter kommt, um die letzten Tage und Stunden mit der Mutter zu verbringen. Sie reagiert schockiert, als sie bemerkt, dass ihre Mutter nichts essen und trinken will - und dass ihr Vater sie gewähren lässt. „Du kannst sie doch nicht einfach verdursten lassen, nur weil sie nicht mehr trinken will! Vielleicht kann man ihr doch irgendetwas einflößen. Oder man lässt eine Infusion legen … Man muss doch irgendetwas tun können, Papa!" Herr M. ist völlig verunsichert, er hat selbst kaum noch Kraft.

„Bitte kein Notarzt!", wiederholt Frau M. auch ihrer Tochter gegenüber. Die Angehörigen fühlen sich innerlich zerrissen, doch sie respektieren den Wunsch der sterbenden Frau. Aber nach der Beerdigung bricht das Thema wieder auf: War es richtig, die Sterbende ihrem Wunsch gemäß nicht mehr mit Flüssigkeit zu versorgen? Vater und Tochter können sich von den wiederkehrenden Gedanken kaum lösen.

Was erwartet Gott von den Angehörigen?

Fragen, Zweifel und Gewissensnöte der Angehörigen treten in den Grenzsituationen des Sterbens immer wieder auf:

- Mache ich mich vor Gott schuldig, wenn ich meinem sterbenden Angehörigen nicht jede denkbare medizinische Hilfe ermögliche?
- Mache ich mich vor Gott schuldig, wenn ich für meinen Angehörigen in der Sterbephase starke schmerzlindernde Medikamente für die letzte Wegstrecke des Lebens fordere, obwohl dadurch möglicherweise der Tod schneller eintritt?

Einige grundsätzliche Überlegungen können helfen, in einer solchen Situation Klarheit zu bekommen.

Mit aller Deutlichkeit muss noch einmal wiederholt werden: Es ist für einen Christen eindeutig eine Schuld vor Gott und dementsprechend undenkbar, einen Menschen aktiv zu töten oder bei einem Selbstmord zu assistieren beziehungsweise mithilfe eines anderen Selbstmord zu begehen. Die Tötung auf Verlangen, auch die Selbsttötung, ist und bleibt für einen Christen nach dem Wort Gottes verboten - selbst wenn die öffentliche Meinung und zum Teil sogar die Rechtsprechung diese Sachlage anders beurteilen.[26]

Doch wie sieht es aus mit dem „Sterben-Lassen", mit der Hilfe im Sterbevorgang? An dieser Stelle kann man sich an den Grundsätzen der Palliativmedizin orientieren, die dem Sterbenden Trost, Beistand und Schmerzlinderung bieten, dabei aber den Sterbeprozess nicht künstlich in die Länge ziehen möchte[27].

---

[26] Siehe Kapitel 3

[27] Siehe Kapitel 4

Die Rahmenbedingungen einer Hilfe zum Sterben, deren oberste Priorität die Achtung der Souveränität Gottes ist, kann man folgendermaßen definieren:

- der Betroffene ist ernsthaft körperlich beeinträchtigt, er befindet sich nach ärztlicher Einschätzung unmittelbar vor beziehungsweise in der Sterbephase,
- der Organismus ist bereits so umfassend geschädigt, dass der Tod ohne intensivmedizinische Intervention unmittelbar bevorsteht,
- es besteht nach menschlichem Ermessen keine Aussicht mehr auf Heilung oder Besserung der gesundheitlichen Beschwerden.

Konkret auf die Beispiele bezogen bedeutet das:

- Frau P. macht sich nicht vor Gott schuldig, wenn sie auf den Wunsch ihrer Tochter eingeht, zu Hause zu sterben. Eine Behandlung im Krankenhaus hätte keine Aussicht auf Heilung oder Besserung gehabt, sondern für Anja zusätzliche Belastungen und Ängste gebracht. Die Todesursache ist die Erkrankung und die davon verursachten körperlichen Symptome; der Todeszeitpunkt wird im Vertrauen auf den Schöpfer in seine gnädige Hand gelegt.
- Frau L. ist vor Gott nicht schuldig am Tod ihres Mannes, auch wenn die Dosierung der Medikamente auf ihren (und seinen!) nachdrücklichen Wunsch erhöht wurde. Herr L. stirbt an den Fol-

gen seiner Krankheit, nicht an der Einnahme der Medikamente – die Medikation gegen die starken Schmerzen ändert nichts an der Todesursache. Die Möglichkeiten der Palliativmedizin darf auch ein Christ dankbar aus der Hand Gottes nehmen.

- Herrn M. und seine Tochter trifft keine Schuld vor Gott am Tod der Ehefrau und Mutter, die angesichts des nahenden Lebensendes absichtlich bewusst auf Essen und Trinken verzichtet. Selbst wenn der Mangel an Flüssigkeit den Sterbevorgang beschleunigen kann, ist die fortgeschrittene Krebserkrankung die eigentliche und unabänderliche Todesursache.[28]

Kein Tabu: Gespräche über das Sterben

Viele Unsicherheiten haben ihren Ursprung in einem Versäumnis: Auch heutzutage wird es häufig als Tabu angesehen, über das Sterben zu sprechen. Man vermeidet das unangenehme Thema; manche Menschen würden es sogar am liebsten vollständig aus den Gedanken verbannen. Doch das ist – insbesondere für wiedergeborene Christen, die wissen, wo das Ziel ihres Lebens liegt – kein guter Weg.

Nicht erst im Alter und auch nicht erst, wenn eine tödliche Krankheit diagnostiziert wurde,

[28] Eine Sünde vor Gott (und strafbar vor dem Gesetz) wäre es hingegen, wenn die Angehörigen der sterbenden Frau Nahrung und Flüssigkeit verweigern würden!

sind Gespräche über das Sterben zwischen Ehepartnern, in der Familie oder mit engen Freunden wichtig. Der Tod greift alte und junge, kranke und gesunde Menschen aus ihrem Lebenszusammenhang heraus. Manchmal schenkt Gott eine lange Vorbereitungszeit, mitunter stirbt ein Mensch völlig unerwartet. In jedem Fall ist es hilfreich, wenn man als Ehepaar oder Familie einschätzen kann, wie der Partner oder die Kinder beziehungsweise Eltern mit der Tatsache des Sterbens umgehen.

Wenn mein Herr und Gott mich ruft, dann lass mich bitte gehen!

Alte und todkranke Menschen stehen nicht selten in einem Zwiespalt: Einerseits sehnt man sich als Christ danach, in die ewige Heimat bei Jesus Christus zu „reisen", den alten oder von Krankheit zerstörten Körper zurückzulassen und die Herrlichkeit des Herrn endlich mit eigenen Augen zu sehen. Andererseits ist es mit Kummer verbunden, fremd und unvorstellbar, geliebte Angehörige zu verlassen und in die unbekannte Dimension „Ewigkeit" einzutauchen.

Vielleicht möchten die Angehörigen den geliebten Menschen nicht zum Herrn gehen lassen – sie lieben ihn schließlich und die (scheinbar endgültige) Trennung durch den Tod ist immer schwer zu ertragen. „Wir brauchen dich doch noch!", ist kein

Vorwurf, sondern eine Liebeserklärung. Zermürbt von zahllosen körperlichen Beschwernissen bittet der schwer kranke Patient jedoch seine Angehörigen: „Wenn mein Herr und Gott mich ruft, dann lass mich bitte gehen!"

Wie kann man denn einen Menschen „gehen lassen"?

Ganz praktische Gedanken dazu findet man in den Richtlinien der Palliativmedizin[29]: menschliche Nähe, Linderung von körperlichen Beschwerden, Bekämpfung von Schmerzen.

Wenn es darum geht, welche konkreten medizinischen Maßnahmen im Sterbeprozess noch eingeleitet oder fortgeführt werden und welche gegebenenfalls beendet werden sollen, kommt die Patientenverfügung wieder ins Gespräch. Jeder Mensch tut gut daran, sich mit seinen Angehörigen rechtzeitig - unter Umständen weit im Vorfeld einer lebensbedrohlichen Krankheit - zu informieren und Entscheidungen zu treffen.

Im Einzelnen sollte man sich mit folgenden Fragestellungen auseinandersetzen:

- Wünsche ich im Endstadium einer tödlichen Krankheit generell lebenserhaltende Maßnahmen oder lehne ich sie ab?
- Welche Maßnahmen wünsche ich im Sterbeprozess beziehungsweise welche lehne ich ab?
  - Behandlung von Schmerzen und belastenden Symptomen

---

[29] Siehe Kapitel 2

- künstliche Ernährung und Flüssigkeitszufuhr
- Wiederbelebungsmaßnahmen
- künstliche Beatmung
- Dialyse
- Bluttransfusion
- Antibiotika

▸ Möchte ich zu Hause sterben oder an einem anderen Ort? Gegebenenfalls wo?

Für den schwer kranken Menschen und auch für seine Angehörigen kann es sehr hilfreich sein, diese Fragen (möglichst auch mit ärztlicher Beratung) wiederholt in Ruhe zu besprechen und abzuwägen – selbst wenn solche Gespräche im Allgemeinen sehr emotional ablaufen.

Göttlicher Trost

Es ist für jeden Menschen schwierig, die vertrauten Orte und vor allem die vertrauten und geliebten Menschen zu verlassen und sich auf den Weg zu machen in das noch unbekannte Leben in der Ewigkeit. Der Tod reißt viele Wunden: Man lässt den geliebten Ehepartner zurück, die Kinder, die Geschwister in der Gemeinde, Freunde und Verwandte … Der Abschied fällt schwer. Gefühle der Trauer gehören dazu.

In besonderem Maße gilt das für die Angehörigen, die zurückbleiben müssen – denn sie können sich nicht unmittelbar an der Gegenwart Gottes erfreuen, sie fühlen den bitteren Verlust, und oft genug lastet er schwer auf den Menschen, die einen geliebten Menschen gehen lassen müssen.

In allem Schmerz und in allen Unsicherheiten, die mit dem Sterben eines geliebten Angehörigen einhergehen, sind menschlicher Trost und praktische Hilfe in Familie und Gemeinde von unschätzbarem Wert. Noch weit darüber hinaus geht allerdings der Trost, den unser liebender Herr und Gott für seine Kinder bereithält:

Der Gott allen Trostes tröstet uns in all unserer Bedrängnis, damit wir die trösten können, die in allerlei Bedrängnis sind, durch den Trost, mit dem wir selbst von Gott getröstet werden.

2. Korinther 1,3-4

Der Apostel Paulus hält im Auftrag Gottes in seinem ersten Brief an die junge Gemeinde in Thessalonich darüber hinaus noch einen auf den ersten Blick ungewöhnlichen Trost bereit:

Wir wollen euch aber, Brüder, nicht in Unkenntnis lassen über die Entschlafenen, damit ihr nicht betrübt seid wie die übrigen, die keine Hoffnung haben. Denn wenn wir glauben, dass Jesus gestorben und auferstanden ist, wird auch Gott ebenso die Entschlafenen durch Jesus mit ihm bringen. Denn dies sagen wir euch in einem Wort des Herrn, dass wir, die Lebenden, die übrigbleiben bis zur Ankunft des Herrn, den Entschlafenen keineswegs zuvorkommen werden. Denn der Herr selbst wird beim Befehlsruf, bei der Stimme eines Erzengels und bei dem

Schall der Posaune Gottes herabkommen vom Himmel, und die Toten in Christus werden zuerst auferstehen; danach werden wir, die Lebenden, die übrigbleiben, zugleich mit ihnen entrückt werden in Wolken dem Herrn entgegen in die Luft; und so werden wir allezeit beim Herrn sein. So ermuntert nun einander mit diesen Worten!

1. Thessalonicher 4,13-18

Die Gläubigen in der Gemeinde in Thessalonich waren traurig und verwirrt, denn auch wiedergeborene Christen waren im Lauf der Zeit verstorben - offenbar vor der verheißenen Wiederkunft des Herrn Jesus Christus. Damit hatte die Gemeinde nicht gerechnet. Was geschieht nun mit diesen Verstorbenen?

Das Wort Gottes lehrt in diesem Zusammenhang nicht „nur" die Auferstehung, sondern auch die Entrückung der wiedergeborenen Kinder Gottes - für diejenigen Christen, die bei der Wiederkunft des Herrn noch leben. Das ist ein wirklich göttlicher Trost: Wir müssen nicht niedergeschlagen und nicht verzweifelt sein, denn wir haben eine ewige Hoffnung! Mit diesen realistischen Zukunftsaussichten können wir einander Mut machen, uns gegenseitig in der Vorfreude auf die herrliche Gemeinschaft mit dem Herrn Jesus bestärken. Gott verwandelt die Trauer über den Tod in die jubelnde Freude über die Auferstehung! Das gilt sowohl für den sterbenden Christen als auch für seine Angehörigen.

Denn ich bin überzeugt, dass weder Tod noch Leben, weder Engel noch Gewalten, weder Gegenwärtiges noch Zukünftiges, noch Mächte, weder Höhe noch Tiefe, noch irgendein anderes Geschöpf uns wird scheiden können von der Liebe Gottes, die in Christus Jesus ist, unserem Herrn.

Römer 8,38-39

Sterben ohne Gott – die Verzweiflung der Angehörigen

Auch wenn Christen sterben, kann der Tod schmerzvoll und der Abschied herzzerreißend sein. Doch wenn Menschen ohne Gott sterben, weil sie ohne Gott gelebt haben, dann stürzt ihr Tod die gläubigen Angehörigen in tiefe Verzweiflung. Zu der tiefen Trauer um den Verlust gesellt sich das Wissen um die Schrecken einer ewigen Existenz fern von Gott.

Bohrende Fragen stellen sich ein: *Habe ich etwas versäumt? War ich zu nachlässig? Oder habe ich zu sehr gedrängt?*

Ich will nichts davon hören!

Herr A. hat einen schweren Herzinfarkt um Haaresbreite überlebt. Die Ärzte haben ihm und seiner Familie deutlich gesagt, dass das Risiko eines zweiten Infarktes sehr groß ist und seine Überlebenschancen in einem solchen Fall gering einzuschätzen sind. Doch zurzeit geht es Herrn A. gut: Er nimmt Medikamente, hält sich an die ärztlichen Verhaltensregeln und ist sehr zuversichtlich.

„Mach dir keine Gedanken, mir geht es gut", versucht er seine Frau zu beruhigen. Aber Frau A. leidet sehr unter dem Gedanken, dass ihr Mann immer wieder den Glauben an Jesus Christus abgelehnt und alle Gesprächsangebote abgeblockt hat.

Wenn er nun plötzlich stirbt ... Frau A. ist verzweifelt. Im Laufe der 20 Jahre seit ihrer eigenen Bekehrung hat sie ihrem Ehemann immer wieder erklärt, was letztlich auf dem Spiel steht - theoretisch weiß Herr A. genau Bescheid.

„Ich habe nichts dagegen, wenn du das alles glaubst, und ich habe auch nichts dagegen, wenn du in deine Gemeinde gehst, aber lass mich bitte damit in Ruhe."

Frau A. hat das Gefühl, dass die Zeit drängt. Kann sie ihren Mann wirklich so in die Ewigkeit gehen lassen? Nein, die Liebe zu ihm motiviert sie immer wieder, ihren Ehemann ein ums andere Mal auf die mögliche Erlösung in Jesus Christus hinzuweisen. Kurz nach dem Herzinfarkt hatte Herr A. auch tatsächlich zugelassen, dass seine Frau ihm aus der Bibel vorlas. Doch nun ist er wieder zu Hause, fühlt sich recht wohl und sagt unmissverständlich: „Ich will nichts davon hören!"

Für Menschen wie Frau A. ist es unendlich schwer zu ertragen, dass ein lieber Angehöriger oder ein enger Freund das Gnadenangebot Gottes zum ewigen Leben leichtfertig ablehnt. Doch niemand kann für einen anderen Menschen glauben; jeder Einzelne kann das ewige Leben von Gott nur als individuelles und persönliches Geschenk bekommen, wenn er aufrichtig seine Schuld vor Gott bekennt und die Vergebung durch den Tod des Herrn Jesus Christus in Anspruch nimmt.

Ohne Glauben ist es unmöglich, Gott zu gefallen. Wer zu Gott kommen will, muss glauben, dass es ihn gibt und dass er die belohnt, die ihn aufrichtig suchen.

Hebräer 11,6; NGÜ

So viele ihn aber aufnahmen, denen gab er das Recht, Kinder Gottes zu werden, denen, die an seinen Namen glauben.

Johannes 1,12

Denn so hat Gott die Welt geliebt, dass er seinen eingeborenen Sohn gab, damit jeder, der an ihn glaubt, nicht verloren geht, sondern ewiges Leben hat. … Wer an ihn glaubt, wird nicht gerichtet; wer aber nicht glaubt, ist schon gerichtet, weil er nicht geglaubt hat an den Namen des eingeborenen Sohnes Gottes.

Johannes 3,16.18

Wie kann ein Mensch, der Gott ablehnt, schließlich doch noch zum rettenden Glauben kommen?

„Bei Gott ist kein Ding unmöglich" (Lukas 1,37) - diese Aussage trifft auch auf die mögliche Bekehrung eines ablehnenden oder gleichgültigen Menschen zu. Doch das Bibelwort macht ebenso deutlich: Kein Mensch kann dieses Wunder bewirken, allein Gott kann letztlich einen Menschen zur Umkehr rufen; doch Gott zwingt niemanden. Als wiedergeborene Christen sind wir dazu aufgerufen, die Botschaft von der Erlösung weiterzutragen - auch und gerade an unsere liebsten Angehörigen.

Und wenn sie gar nichts mehr davon hören wollen?

Für die gläubigen Angehörigen bedeutet das - neben dem unaufdringlichen Vorleben einer lebendigen Beziehung zu Jesus Christus - vor allem Gebet, Fürbitte.

Seid um nichts besorgt, sondern in allem sollen durch Gebet und Flehen mit Danksagung eure Anliegen vor Gott kundwerden.

Philipper 4,6

Nicht wenige Menschen haben durch das Gebet ihrer Angehörigen letztlich doch noch den Weg zu Gott eingeschlagen.

8 Herr B. nimmt Abschied

Die letzte E-Mail

Lieber Herr B.,
nachdem ich Ihnen eine „technische Mail“ als Arzt geschrieben habe, möchte ich nun noch ein paar Worte als Privatmann loswerden. Ich möchte dies ganz bewusst trennen.

Lange schon suche ich nach der richtigen Formulierung, nach den richtigen Worten für diese letzte Mail.

Sie wissen ja um die Bedeutung, die der Glaube für mich persönlich hat. Dabei ist mir der Aspekt wichtig, dass wir uns nicht zum Himmel durchkämpfen können, dass wir Gott keine Leistung bringen können, sondern dass wir liebevoll von ihm durch Jesus Christus ergriffen werden.

Immer wieder bin ich in diesem Zusammenhang persönlich berührt von dem kurzen Dialog zwischen dem verurteilten Verbrecher und Jesus – während sie beide am Kreuz hängen:

Zu Jesus sagte er: „Denk an mich, wenn du in dein Königreich kommst!“ Da antwortete ihm Jesus: „Ich versichere dir: Noch heute wirst du mit mir im Paradies sein.“

So wie ich Ihre Mails und die Schilderungen Ihrer Frau wahrnehme, hat Gott Sie an seine liebevolle Hand genommen – wenn wir morgen das Beatmungsgerät abschalten, lassen wir nur die diesseitige Hand los, sicher wissend, dass Sie auf der anderen Seite gehalten werden.

In herzlicher Verbundenheit
Ihr V. N.[30]

Gefangen im gelähmten Körper

Herr B. ist Ende 40, als die Diagnose ALS[31] sein Leben von einem Tag auf den anderen auf den Kopf stellt. Familie, Freunde und Nachbarschaft sind fassungslos. Wie kann man mit den grauenhaften Konsequenzen dieser Erkrankung umgehen? Herr B. macht es allen vor: Er ist von jeher ein optimistischer und lebensbejahender Mensch gewesen; er nimmt das Leben mit der Krankheit als Herausforderung an.

Drei Jahre nach Krankheitsbeginn ist der banale Alltag für Herrn B. eine täglich neue Kampfansage und er kämpft mutig gegen die Resignation.

Rund um die Uhr wird er von einem speziellen Pflegedienst für Beatmungspflege in seinem vertrauten Zuhause, integriert in das alltägliche Familienleben, von mehreren Pflegekräften abwechselnd betreut. Seine körperlichen Einschränkungen

---

30 Dr. N., Internist und Spezialist für Beatmungsmedizin, arbeitet als Oberarzt in einem deutschen Krankenhaus.

31 Zur Krankheit ALS siehe Kapitel 5

sind nahezu allumfassend: Nicht nur Arme und Beine sind gelähmt, Herr B. kann auch Rumpf- und Nackenmuskulatur nicht kontrollieren, dementsprechend nicht einfach aufrecht sitzen, er kann – wie ein neugeborener Säugling – nicht einmal den Kopf selbst halten. Herr B. verbringt deshalb viel Zeit in seinem Spezialbett, wird aber auch immer wieder in einen besonders ausgestatteten Rollstuhl umgesetzt.

Die Sprech- und Schluckmuskulatur hat sich bei Herrn B. rapide zurückgebildet. Er ist nicht mehr in der Lage, verständliche Laute zu bilden. Die geistigen Fähigkeiten sind allerdings bei dem Krankheitsbild ALS vollständig intakt; das macht es umso bitterer, sich nicht mehr durch Sprache mitteilen zu können. Um eine rudimentäre Kommunikation aufrechtzuerhalten, hat Herr B. einen Sprachcomputer mit Augensteuerung, denn einzig die Augenmuskulatur ist noch funktionsfähig. Dieses Gerät ist mit einer Bildschirmtastatur und einer kleinen Kamera ausgestattet. Die Kamera zeichnet die Augenbewegungen von Herrn B. auf, wenn er einzelne Buchstaben beziehungsweise Buchstabenkombinationen auf dem Bildschirm anschaut. Das Computerprogramm setzt dann die Buchstaben zu Wörtern und Sätzen zusammen, die von einer Computerstimme gesprochen werden. Auf ähnliche Weise kann Herr B. auch E-Mails schreiben. Die Verständigung mit der Umwelt ist auf diese Art zwar umständlich und zeitaufwendig, aber sie ist möglich. Herr B. ist dankbar dafür.

Da die Schluckmuskulatur auch ihren Dienst versagt, muss Herr B. künstlich ernährt werden. Nährlösung, Medikamente und zusätzliche Flüssigkeit werden über eine PEG-Magensonde[32] gegeben.

Durch die Schlucklähmung kann auch Speichel nicht einfach heruntergeschluckt werden und läuft durch den Mund heraus, der aufgrund der Lähmung nicht geschlossen gehalten werden kann.

Auch die Atemmuskulatur ist bald extrem geschwächt. Durch die umfassende Lähmung, die selbst die Gesichtsmuskulatur nicht ausspart und für ständige Leckagen[33] sorgt, ist die Beatmung über eine Atemmaske nicht möglich. Herr B. entscheidet sich dafür, eine invasive Beatmung[34] einleiten zu lassen.

Trotz dieser fast unvorstellbaren Einschränkungen verliert Herr B. weder den Lebensmut noch seinen Humor. In einer E-Mail schreibt er: „Ich komme mir manchmal vor wie eine Dreifachsteckdose: der Beatmungsschlauch ist in meinem Hals befestigt, die Ernährungssonde steckt in der Bauchdecke, und für die Entsorgung von Urin gibt es auch noch eine Extraleitung, einen Bauchdeckenkatheter ..."

---

[32] Siehe Kapitel 2

[33] Stellen, an denen die zugeführte Atemluft unkontrolliert entweicht, sodass der notwendige Beatmungsdruck nicht erreicht werden kann

[34] Siehe Kapitel 2

Keine leichtfertige Entscheidung

Herr B. hat sich mit seinen allumfassenden Einschränkungen arrangiert. Seine Familie und sein großer Freundeskreis unterstützen ihn nach Kräften. Wenn eine Grillparty in der Nachbarschaft geplant ist, kommen einige der Nachbarn und holen ihn ab, tragen ihn notfalls einige Stufen in den Garten hinunter. Zum Fußballspiel seines örtlichen Fußballvereins wird er ebenso ganz selbstverständlich mitgenommen, und wenn Herr B. seine Freunde zum Spieleabend einlädt, haben sie - fast so wie früher - viel Spaß miteinander. Auch wenn Herr B. absolut nichts mehr selbst tun kann, wenn jede Kleinigkeit von einer Pflegekraft erledigt werden muss (selbst beim Spiel), so lebt er dennoch sein ganz persönliches Leben, und er lebt weiterhin gern.

Doch eines Tages, nach gut drei Jahren immer weiter fortschreitender Krankheit, macht Herr B. eine erschütternde Entdeckung: Auch die Augenmuskulatur zeigt allmählich Lähmungserscheinungen. Die Kommunikation per Augensteuerung wird immer schwieriger; die Muskelfasern im Auge sind schnell ermüdet und gehorchen ihm dann ebenso wenig wie der Rest seines Körpers.

Herr B. ist sich darüber im Klaren, dass sein Körper schon seit Langem nur noch durch die maschinelle Beatmung und die künstliche Ernährung am Leben erhalten wird. Ohne Medizintechnik wäre er bereits vor einiger Zeit gestorben, da sein

Organismus, insbesondere die Atmung, so stark geschädigt ist, dass er von sich aus nicht mehr lebensfähig ist. Seine letzten anderthalb Lebensjahre hatte Herr B. Gott buchstäblich „abgetrotzt“ wie einst König Hiskia aus der Bibel.

In jenen Tagen wurde Hiskia todkrank. Und der Prophet Jesaja, der Sohn des Amoz, kam zu ihm und sagte zu ihm: So spricht der HERR: Bestelle dein Haus, denn du wirst sterben und nicht am Leben bleiben! Da wandte Hiskia sein Gesicht zur Wand und betete zu dem HERRN. Und er sprach: Ach, HERR! Denke doch daran, dass ich vor deinem Angesicht in Treue und mit ungeteiltem Herzen gelebt habe und dass ich getan habe, was gut ist in deinen Augen! Und Hiskia weinte sehr.

Da geschah das Wort des HERRN zu Jesaja: Geh hin und sage zu Hiskia: So spricht der HERR, der Gott deines Vaters David: Ich habe dein Gebet gehört, ich habe deine Tränen gesehen! Siehe, ich will zu deinen Tagen fünfzehn Jahre hinzufügen.

Jesaja 38,1-5

Gott hatte auch Herrn B. zusätzliche Lebenszeit gewährt, weitere Monate und Jahre „geliehen“. Ist es jetzt an der Zeit, die geliehenen Jahre in die Hand Gottes zurückzugeben?

Herr B. trifft diese Entscheidung nicht leichtfertig. Soll und darf er tatsächlich den Zeitpunkt seines eigenen Todes „bestimmen“? Oder soll und muss er die einmal getroffene Entscheidung zur maschinellen Beatmung unter allen Umständen aufrechterhalten?

Nach intensiven Beratungen mit seiner Familie, seinem Seelsorger und verschiedenen Ärzten fällt er den Entschluss, die Beatmung beenden zu lassen.

Herr B. schreibt eine letzte E-Mail an alle seine Freunde und Bekannten, unter ihnen auch viele, die an der gleichen Krankheit leiden und die er durch ein Internetforum kennengelernt hat. Das Verfassen der E-Mail mit Augensteuerung dauert fast zwei Tage, denn die Augenmuskulatur lässt rasant nach. Herr B. erklärt, was ihn zu der Entscheidung geführt hat, die Beatmung beenden zu lassen. Er dankt allen Freunden für ihre liebevolle Begleitung in der Zeit seiner Krankheit, dann verabschiedet er sich.

Er will sich in die Hand Gottes fallen lassen.

Ich stelle mir vor: Mein Leben ist wie ein Zug. Es gab einige Bahnhöfe, in denen ich umsteigen konnte. Ich habe mich schon vor langer Zeit für das Ziel meiner Lebensreise entschieden: den Himmel. Mein Zug fährt vom letzten Bahnhof los und Gott selbst ist der Lokführer.

Plötzlich ein Halt auf offener Strecke – jemand steht vor dem Zug mit ausgebreiteten Armen. Selbstverständlich könnte der Zug weiterfahren; er hat viel mehr Kraft als jemand, der auf der Strecke steht. Doch der Zugführer wartet geduldig. Schließlich räumt das Hindernis die Strecke freiwillig.

Der Zug setzt sich wieder in Bewegung. Das Ziel ist schon in Sicht.

Bis zum letzten Atemzug

Als medizinischer Laie stellt man sich den Tod durch Beenden einer maschinellen Beatmung meist sehr drastisch vor: Die Beatmungsmaschine wird abgestellt, unmittelbar darauf erstickt der Patient. Die Realität sieht allerdings anders aus.

Herr B. kommt am festgesetzten Tag mit seiner Frau, seinen Kindern und einem vertrauten Pfleger in die Klinik, wo er von Dr. N. feinfühlig empfangen wird. Zu Hause hat er sich mit einem Abschiedsfest bereits von seiner weiteren Familie, seinen Freunden und Nachbarn verabschiedet. Viele Tränen sind in den vergangenen Tagen geflossen, Herr B. hat Worte des Dankes weitergegeben und Worte der Ermutigung empfangen. Er ist bereit.

Noch zu Hause bekommt der Patient (auf eigenen Wunsch) ein Beruhigungsmittel, mit dessen Hilfe er den anstrengenden Transport leichter übersteht.

Im Krankenhaus ist ein ruhiges Zimmer auf der Intensivstation vorbereitet; die notwendige Medizintechnik ist so weit wie möglich in den Hintergrund gerückt. Dr. N. erklärt noch einmal den „technischen" Ablauf; ein letztes Mal bestätigt Herr B. die Gültigkeit seines Entschlusses. Frau B., die drei Kinder im Teenageralter und der Pfleger und Freund, Herr S., müssen nun endgültig Abschied nehmen. Tränenüberströmt stehen sie am Bett; alle halten einander an den Händen und schließen Herrn B. so in ihren Kreis mit ein.

In diesem liebevollen, vertrauten Kreis, an beiden Händen gehalten von den liebsten Angehörigen, erlebt Herr B. die letzten bewussten Momente seines Lebens und verabschiedet sich voller Dankbarkeit. Die „große Reise“ kann beginnen.

Um Schmerzen und das Gefühl des Erstickens von vornherein zu vermeiden, wird Herr B. mit Medikamenten sediert und in einen schlafähnlichen Zustand versetzt, vergleichbar mit der Narkose vor einer Operation. Herr B. liegt ruhig, ein leichtes Lächeln zeichnet sich auf seinem Gesicht ab. Der Arzt überprüft noch einmal die Bewusstlosigkeit und die Schmerzfreiheit, dann stellt er das Beatmungsgerät ab. Äußerlich gibt es keine Veränderungen. Die Überprüfung der Sauerstoffsättigung und der Herztätigkeit zeigt, dass Atmung und Herz-Kreislauf-System langsam und allmählich schwächer werden, bis die Herzfrequenz bei nur noch 30 Schlägen pro Minute liegt. Nach ungefähr 20 Minuten tritt der Herzstillstand ein.

Herrn B.s Tod ist ein sanftes „Einschlafen“ und Hinübergleiten in die ewige Realität jenseits unserer Vorstellungskraft.

9 Das Fundament für Leben und Tod

Denn einen anderen Grund kann niemand legen außer dem, der gelegt ist, welcher ist Jesus Christus.

1. Korinther 3,11

Die Reise kann beginnen

Mitunter schlägt der Tod unverhofft und ohne Vorwarnung zu: ein Unfall, unerwartete Komplikationen bei einer Krankheit oder einer Operation, eine Gewalttat, eine Naturkatastrophe – alles das kann einen Menschen in einem kurzen Augenblick aus dem Leben reißen. Niemand weiß mit absoluter Sicherheit, ob er den nächsten Tag, die nächste Stunde noch erlebt. Nicht umsonst mahnt das Wort Gottes: „Lehre uns bedenken, dass wir sterben müssen, auf dass wir klug werden" (Psalm 90,12; Lut). Ein überraschender, plötzlicher Tod kann für einen Christen eine Gnade sein – ein entsetzlicher Schock wird er für einen Menschen, der sein Leben ohne Gott gelebt hat und nun ohne Vorwarnung und ohne Fluchtmöglichkeit dem göttlichen Gericht überantwortet wird.

Wer in einer lebendigen Beziehung zu Jesus Christus lebt, braucht sich vor den Unwägbarkeiten des Lebens und des Sterbens nicht zu fürchten. Dann ist es nicht von Belang, ob man von einer Sekunde auf die andere stirbt oder ob der Herr durch schwere Krankheit eine lange Zeit der Vorbereitung auf das Sterben gewährt. Wer sein Leben mit Gott gelebt hat, der kann auch sein Sterben mit Gott erwarten. Mit dem Apostel Paulus erkennt ein Christ im Hinblick auf die Tatsache, dass der Sterbevorgang nur den Übergang in eine andere, vollkommene Welt markiert: „Das Leben ist für mich Christus, und das Sterben Gewinn" (Philipper 1,21).

Dennoch ist es unbestritten, dass auch ein entschiedener Christ Angst vor dem Sterbevorgang, Angst vor Schmerzen und Einsamkeit haben kann. Sogar der Sohn Gottes selbst, unser Herr Jesus Christus, war im Bewusstsein seines nahenden Todes voller Angst; er betete so heftig, dass mit dem Schweiß zusammen Blutpartikel abgesondert wurden – ein Zeichen intensivster innerer Anspannung.

In einer Hinsicht jedoch kann jeder gläubige Christ letztlich ruhig sein: Er weiß, dass er nach dem „finsteren Tal" des Sterbens in der herrlichen Gegenwart Gottes sein wird – ohne Schmerzen, ohne Angst, ohne Sorgen; in ewiger und vollkommener Freude.

Das Warten auf den Tod wird in schweren körperlichen Leiden, aber auch in anderen zermürbenden Lebensumständen oft zu einer Sehnsucht nach dem Tod, wenn man das Sterben als Übergang in die „bessere Welt" begreift: Wenn doch schon alles vorbei wäre … Wenn ich endlich bei meinem Herrn und Erlöser wäre … Als Christ muss man nicht mit allen Fasern seines Daseins am irdischen Leben hängen. Wenn man die Bibel ernst nimmt, dann weiß man mit großer Sicherheit: Dieses Leben auf der Erde ist nicht alles, es ist nur eine Vorbereitung auf das ewige Leben bei Gott.

Ein Vers aus dem Hebräerbrief bringt diesen Gedanken auf den Punkt: „Denn wir haben hier keine bleibende Stadt, sondern die zukünftige suchen wir" (Hebräer 13,14).

Denn wir haben hier keine bleibende Stadt …

Deutlich wie auf einem Foto stellt uns der Schreiber des Hebräerbriefes die Situation vor Augen: Jesus Christus hat durch seinen stellvertretenden Tod unzähligen sündigen Menschen das ewige Leben geschenkt. An einem schändlichen Hinrichtungspfahl vor den Mauern der Stadt Jerusalem starb der Herr Jesus qualvoll – auch für mich. Dieses Geschehen ist verankert an einem konkreten geografischen Ort und in einer konkreten historischen Zeit; die Auswirkungen jedoch gehen weit darüber hinaus. Sie erstrecken sich buchstäblich bis in die Ewigkeit hinein.

Das Geschehen auf Golgatha ist das Fundament, auf dem Hebräer 13,14 ruht – der Bibelleser erkennt es an dem einleitenden Wort „denn". Damit wird ein großer Zusammenhang hergestellt; die Aussage dieses Verses steht nicht in einem Vakuum, sondern ist eingebettet in das großartige Heilsgeschehen.

Von jeher definiert sich die Menschheit über das, was „man" hat, und das, was „man" nicht hat. In Bezug auf materiellen Besitz ist diese Unterscheidung für uns Christen nicht nur unnötig, sondern sie führt auch nahezu zwangsläufig zu Streit, Neid und Unterdrückung. Doch das inspirierte Wort Gottes macht uns, den Kindern Gottes, ganz klar, was wir haben beziehungsweise nicht haben. Es geht nicht um Besitz, um Armut oder Luxus. Unser Herr unterscheidet allerdings (unausgesprochen) zwischen dem, was wir haben (1. Person Plural) und dem, was sie - die anderen (3. Person Plural) - haben. In diesem Vers geht es nur um uns, die wiedergeborenen Christen, nicht um die Menschen dieser Welt.

Dennoch leben wir mit ihnen gemeinsam hier - wir leben unser irdisches Leben; auch Christen haben ihren ganz normalen Alltagstrott auf dieser Erde. Trotzdem: Diese Welt ist eigentlich nicht unsere Heimat; sie ist vielmehr für Christen so etwas wie ein Trainingslager. Wir gehören im Grunde genommen nicht hierhin. Vers 13 fordert uns auf, „zu ihm hinauszugehen", zu unserem Herrn Jesus Christus, zu dem Urheber unserer Erlösung. Unser Herr ruft uns heraus aus unserem bequemen Leben, in dem wir es uns oft schon so gut eingerichtet haben. Deshalb sind wir „Herausgerufene", *ekklesia,* die Gemeinde oder Versammlung.

(Ursprünglich geht dieses griechische Wort aus dem Neuen Testament auf einen üblichen Vorgang im antiken Griechenland zurück: Ein Herold zog durch die Stadt, um alle diejenigen aus ihren Häusern herauszurufen, die berechtigt waren, an der öffentlichen Ratsversammlung teilzunehmen.)

Lassen wir uns eigentlich noch bereitwillig herausrufen aus unserem Hier und Jetzt?

Wir haben hier keine bleibende Stadt, keine wirkliche Heimat. Schon die banalen Alltagserfahrungen sagen jedem Menschen eindringlich: Nichts ist ewig und dauerhaft. Ob Nahrung oder Kleidung, ob Häuser oder Straßen – alles verdirbt, nutzt sich ab, wird mit der Zeit unbrauchbar. In alten Städten kann man diese Binsenweisheit besonders eindrucksvoll beobachten. Wie sorgfältig wird da häufig renoviert und restauriert, besondere alte Gebäude und Kunstwerke werden gepflegt und konserviert. Und trotzdem bleibt es dabei: Nichts ist ewig und dauerhaft – außer Gott! Ruinen und Antiquitäten überall auf der Welt erzählen Geschichten davon, dass nichts, buchstäblich nichts Materielles ewig bleibt. Die Antike ist nun mal … antik.

Mit diesem Wissen im Kopf sollte es uns doch eigentlich gar nicht schwerfallen, uns an den Gedanken zu gewöhnen, dass wir hier, auf dieser Erde, nur auf der Durchreise sind. Trotzdem möchten auch Christen manchmal allzu gern ihr Leben im ganz und gar irdischen Diesseits konservieren.

Trauen wir etwa den Verheißungen unseres Herrn und Gottes letztlich doch nicht über den Weg?!

... sondern die zukünftige suchen wir.

Das Wort Gottes bietet uns nach der simplen Feststellung im ersten Teil des Verses eine umwerfende himmlische Perspektive an: Nicht der Alltagstrott und die eigenen Überlegungen zu Leben und Tod müssen unser Denken bestimmen, so wie es bei Menschen ohne Gott der Fall ist, sondern es gibt noch viel mehr zu entdecken als nur das Irdische, Sichtbare.

Die Bibel bringt uns auf ganz neue, futuristische Gedanken! Wir sind auf dem Weg aus der Heimatlosigkeit dieser Erde in eine herrliche, ewige Zukunft. Die zukünftige Stadt, in der wir als Kinder Gottes Bürgerrecht genießen dürfen, ist das Ziel unseres Lebens und Sterbens. An vielen Stellen macht uns Gottes Wort darauf aufmerksam: Da kommt noch etwas auf uns zu! In dieser Welt sind wir Fremde, Asylanten ohne dauerhafte Aufenthaltsgenehmigung. Unsere wirkliche Heimat aber ist in der ewigen Herrlichkeit! Wie kommt es nur, dass vielen Christen die Vorstellung von der Ewigkeit bei Gott so fremd ist? Wir können und sollen uns vielmehr von ganzem Herzen darauf freuen, bei IHM zu sein!

Die Vorfreude auf die Zukunft in enger Gemeinschaft mit dem Herrn selbst kann uns helfen, nicht nur einfach passiv die Zeit verstreichen zu lassen, bis es nach dem Zeitplan Gottes irgendwann, vielleicht schon sehr bald, so weit ist. Vielmehr dürfen wir jetzt schon danach suchen. Suchen ist sozusagen ein aktives Warten. Die Sehnsucht nach der herrlichen Zukunft lässt mich aktiv werden. Ein Ausdruck dieser Sehnsucht ist es z. B., in der Bibel nach prophetischen Bildern, nach Informationen und Hinweisen zu suchen, wie es in dieser zukünftigen Stadt Gottes für uns, seine Kinder, wohl sein wird. Diese Art von Suche steigert in jedem Fall die Vorfreude!

Vorfreude auf den Tod - kann es das geben? Darf es das geben? Ist das nicht etwas durch und durch Unnatürliches?! Viele Menschen sind peinlich berührt von einem solchen Gedanken, doch die Bibel rückt das Leben nach dem Tod ganz selbstverständlich und natürlich-ungezwungen ebenso in den Blick wie das irdische Leben.

Aber noch ein anderer Aspekt schwingt in dem Vers aus dem Hebräerbrief mit: Schon jetzt und hier, mit unserem Leben in diesem „irdischen Durchgangslager“, können wir uns aktiv auf das zukünftige Leben vorbereiten. Gottes Wort macht sehr viele Aussagen zu unserem Lebenswandel, zu den Wesensmerkmalen, die wir mit seiner Hilfe entwickeln können - kurz gesagt: zu unserer Heiligung. Auch das aktive Bemühen um Heiligung gehört zur Vorbereitung auf die himmlische Herrlichkeit!

Frieden mit Gott!

Da wir nun gerechtfertigt worden sind aus Glauben, so haben wir Frieden mit Gott durch unseren Herrn Jesus Christus.

Römer 5,1

Jeder Mensch muss die Entscheidung treffen, ob er auf Gott vertrauen will oder lieber auf sich selbst. Wirklichen „Frieden mit Gott“ kann man nur durch aufrichtige Buße und echten Glauben an den stellvertretenden Tod des Herrn Jesus Christus erlangen. Zwar sind die klaren Worte der Bibel heutzutage sehr unpopulär und die Festlegung auf „eine einzige Wahrheit“ gilt landläufig als intolerant, „doch er (Jesus) war durchbohrt um unserer Vergehen willen, zerschlagen um unserer Sünden willen. Die Strafe lag auf ihm zu unserm Frieden, und durch seine Striemen ist uns Heilung geworden“ (Jesaja 53,5).

Spätestens an der Schwelle des körperlichen Todes ist die Entscheidung für Gott im wahrsten Sinne des Wortes lebensnotwendig. Der Friede mit Gott ist durch nichts anderes zu ersetzen, und wer nicht mit Gott versöhnt in den Tod geht, der geht nach den Aussagen der Heiligen Schrift einer ewigen Existenz in großen Qualen und fern von Gott entgegen.

So ist und bleibt denn die beste „Sterbehilfe“ die intensive persönliche Auseinandersetzung mit dem Versöhnungsangebot Gottes. Denn ganz gleich, wie die Umstände des Sterbens sind, mit welchen menschlichen und medizinischen Hilfsangeboten man dem sterbenden Menschen den letzten Schritt erleichtern möchte: Der Tod ist nicht das Ziel des Lebens!

Wenn ein Kind geboren wird, so feiert man nicht etwa das Ende der mühsamen Schwangerschaft: Der entscheidende Meilenstein ist vielmehr der Beginn eines gänzlich neuen Lebens! Auf die gleiche Weise ist für den Christen auch der Tod nur der Übergang in ein vollkommen neues, unbelastetes und ewiges Leben in der Herrlichkeit Gottes!

Bereit zur Begegnung mit dem lebendigen Gott

Mach dich bereit, deinem Gott zu begegnen!
Amos 4,12b

Kann man sich als Mensch wirklich auf die Begegnung mit dem lebendigen Gott vorbereiten? Für jeden von uns rückt die Stunde des Todes von Tag zu Tag näher - ob gesund oder todkrank, ob jung oder alt, ob man sich in gelassener Erwartung oder in furchtsamer Scheu der Ewigkeit nähert.

Gott selbst sagt: Fürchte dich nicht. Gott selbst bereitet Menschen darauf vor, ihm, dem allmächtigen Schöpfer, zu begegnen.

Fürchte dich nicht, denn ich bin mit dir! Habe keine Angst, denn ich bin dein Gott! Ich stärke dich, ja, ich helfe dir, ja, ich halte dich mit der Rechten meiner Gerechtigkeit.

Jesaja 41,10

Das nehme ich persönlich!

„Keine Angst, ich bin bei dir. Du weißt ja: Ich bin unendlich viel stärker als du. Ich helfe dir, ich halte dich fest."

Ich habe Angst. Seit einigen Jahren habe ich Angst, ungefähr achtmal am Tag. Mein Körper ist seit vielen Jahren gelähmt und meine Muskeln gehorchen mir nicht mehr, deshalb muss jeder Wechsel der Sitzgelegenheit mit einem sogenannten Patientenlifter durchgeführt werden. Dabei hänge ich in einem Gurt in ungefähr einem Meter Höhe, während eine Pflegekraft mich in den Rollstuhl oder ins Bett manövriert. Zweimal bin ich bereits abgestürzt und beide Male habe ich eine unfassbare Bewahrung erlebt. Dennoch ist seitdem die Angst mein ständiger Begleiter. Jedes Mal, wenn ich hilflos „in den Seilen" hänge, ist dieser Bibelvers aus Jesaja 41 mein Trost. Ich brauche mich nicht zu fürchten; mein Herr ist bei mir und hält mich fest.

Aber darf ich das überhaupt so persönlich nehmen?

Der Zusammenhang

„Fürchte dich nicht" – dieser Vers aus Jesaja 41,10 ist eingebunden in einen konkreten Zusammenhang; wir finden dessen Ausgangspunkt in Kapitel 40.

Dort wird zunächst der Gott des Trostes vorgestellt, souverän und unveränderlich. Kapitel 41 charakterisiert dann den rebellischen Menschen, der – wie wir durch das Neue Testament wissen – nur durch den Opfertod des Gottessohnes Jesus Christus Vergebung und das Geschenk des ewigen Lebens erhalten kann.

„Du aber" – diese persönliche Anrede des Herrn gilt im Textzusammenhang (Jesaja 41,8) zunächst seinem auserwählten Volk des Alten Bundes, Israel; darüber hinaus aber darf jeder Mensch, der auf Jesus Christus vertraut, eine solche persönliche Beziehung zu unserem allmächtigen und ewigen Herrn haben. Im Neuen Testament geht diese Beziehung noch weit über die eines Volkes zu seinem Gott hinaus – er macht uns zu seinen Kindern: „Seht, welch eine Liebe uns der Vater gegeben hat, dass wir Kinder Gottes heißen sollen! Und wir sind es" (1. Johannes 3,1). Welch unfassbar großartige Zusage der Hilfe und des Beistands Gottes gilt damit auch für uns, die Gläubigen des Neuen Bundes: „Du aber … fürchte dich nicht" (Jesaja 41,8-10)!

Ja, als Kind Gottes kann und darf also auch ich diesen Bibelvers wirklich persönlich nehmen!

Haben wir nicht allen Grund, uns zu fürchten?!

Erdbeben, Wirbelstürme, Vulkanausbrüche, Überschwemmungen, unkontrollierbare Krankheiten: Nahezu jeder Tag bringt neue Schreckensnachrichten aus aller Welt.

Zu den scheinbar unverschuldeten Naturkatastrophen (wer sieht denn noch ein Gericht Gottes in diesen Schrecken?) kommen noch die zahllosen menschlichen Katastrophen: Krieg und Terror, Mord und Aggression, Hass und Streit … Wer sollte sich da nicht fürchten? Und auch all die kleinen und großen Ängste des Alltags lassen mich oft genug innerlich erbeben. Nicht zuletzt ist da die Furcht vor dem Sterben: Wie wird es sein? Was werde ich fühlen? Werde ich allein sein? Werde ich Panik und Schmerzen haben? Doch Gott spricht in meine, in unsere Situation: „Fürchte dich nicht, denn ich bin mit dir! Habe keine Angst, denn ich bin dein Gott! Ich stärke dich, ja, ich helfe dir, ja, ich halte dich mit der Rechten meiner Gerechtigkeit."

Fürchte dich nicht!

Allein im Buch Jesaja spricht Gott elfmal den Menschen, die ohne ihn immer allen Grund haben, sich zu fürchten, diesen Trost zu: „Fürchte dich nicht!" Wie ein Schaf, das dem guten Hirten vertrauensvoll folgen kann; wie ein Kind, das seinem Vater völlig vertrauen kann - so fühle ich mich durch dieses Wort in die Arme genommen von meinem liebenden Herrn und Gott. Er zieht die Blickrichtung von mir selbst weg auf seine göttliche Allmacht. Er ist souverän und unveränderlich, er übernimmt die Verantwortung für mich. Auch im Sterbeprozess!

„Fürchte dich nicht" ist häufig der göttliche Trost für Menschen, die unverhofft mit seiner Herrlichkeit konfrontiert werden: z. B. Mose am Dornbusch oder Johannes auf der Insel Patmos. Furcht ist die natürliche menschliche Reaktion auf eine tatsächlich vorhandene Gefahr – und der allmächtige Gott ist wahrhaftig zu fürchten! Furcht vor Gott ist für einen Menschen im Grunde die einzige angemessene Reaktion auf die Macht und Herrlichkeit Gottes. Im „Lexikon zur Bibel"[35] heißt es: „Wer Gott fürchtet, achtet ihn in Ehrfurcht; und umgekehrt: Wer Ehrfurcht vor Gott hat, fürchtet ihn auch, weil er um seine Heiligkeit weiß." Wenn Gott selbst mich auffordert, mich nicht zu fürchten, dann geht das allein aufgrund seiner Liebe und Barmherzigkeit.

... denn ich bin mit dir!

Die Nähe zu Gott ist es, die meine Furcht wegnimmt. Die Dunkelheit der Angst verschwindet in der Gegenwart des heiligen Lichtes meines Herrn. Diese Erfahrung ist äußerst real. Gott verspricht: Ich bin mit dir, und König David hat (wie unendlich viele Menschen vor ihm und nach ihm) diese Verheißung offenbar hautnah erlebt, denn er schreibt in Psalm 23,4: „Auch wenn ich wandere im Tal des Todesschattens, fürchte ich kein Unheil,

---

[35] Fritz Rienecker, Gerhard Maier (Hrsg.), „Lexikon zur Bibel", R. Brockhaus Verlag, Witten 2010

denn du bist bei mir; dein Stecken und dein Stab, sie trösten mich."

Wer die Nähe Gottes sucht, erfährt die Geborgenheit seiner Gegenwart.

„Ich habe in meinem Leben viele kluge und gute Bücher gelesen. Aber ich habe in ihnen allen nichts gefunden, was mein Herz so still und froh gemacht hätte, wie die vier Worte aus dem Psalm 23: ‚Du bist bei mir.'"

Immanuel Kant (1724–1804), Philosoph

Für uns als wiedergeborene Christen ist die Zusage Gottes „Ich bin mit dir" noch unendlich viel mehr geworden: In Jesus Christus ist Gott als der „Immanuel" (wörtlich: „Gott mit uns") zu uns gekommen. Der Herr Jesus ist nicht „nur" bei uns; er ist bereit zu einer äußerst innigen Gemeinschaft mit seinen Kindern. „Bleibt in mir und ich in euch!", fordert er seine Jünger auf (Johannes 15,4a). Eine solche enge Verbindung zu Gott lässt keinen Platz für die Furcht, nicht einmal im Angesicht des Todes - nur für tiefe Ehrfurcht vor dem Herrn, der mir entgegenkommt!

Habe keine Angst!

„Weiche nicht", schreibt Luther (Lut 1984), „blicke nicht ängstlich umher", übersetzt die Menge-Bibel diesen Ausdruck (und die unrevidierte Elberfelder hat: „schaue nicht ängstlich umher"); „sei nicht ängstlich", steht in der Schlachter-Übersetzung

(2000). Im hebräischen Original heißt es *al-tisch'a:* „Schau dich nicht (ängstlich) nach Hilfe um." Der Herr sieht meine Unsicherheit und meine Schwäche, meine hilflose Suche nach einem Halt. Er tadelt mich nicht, sondern er nimmt - bildlich gesprochen - meine Hand in seine. Ich brauche nicht an anderen Orten zu suchen; allein bei ihm, meinem Herrn, finde ich Hilfe. Meine Angst vor den Schmerzen des Sterbens, vor der Einsamkeit, vor dem Unbekannten kann ich in seine Hände legen.

Während der Ausdruck „Fürchte dich nicht" ein feststehender Begriff in der hebräischen Sprache ist *(al-tira),* der in der Bibel immer wieder in dieser Form vorkommt, ist das *al-tischt'a* an dieser Stelle die Antwort Gottes auf meine individuelle ängstliche Hilflosigkeit.

Nicht nur die (gerechtfertigte) Furcht vor real existierenden Gefahren, sondern auch die (im Grunde unnötige) Angst vor nebulösen Befürchtungen, vor Schattengestalten meiner eigenen Gedanken, nimmt Gott ernst.

... denn ich bin dein Gott!

Gott hätte es nicht nötig, seine Worte uns gegenüber zu erläutern. Doch unser Herr macht sich für uns greifbar. Das zweifache bestätigende und bekräftigende „denn" in diesem Bibelvers weist auf die Beziehung hin, die Gott mit einem Volk und auch mit jedem erlösten Menschen eingehen will. Das kann allerdings keine gleichberechtigte partnerschaftliche Beziehung sein, sondern nur eine Beziehung der Unterordnung des Geschöpfes unter seinen allmächtigen, aber liebenden Schöpfer. Gott macht unmissverständlich klar: Er ist kein Kumpel, sondern er ist derjenige, der immer alle Fäden in der Hand hält. Er ist mein Gott! Zwar ist er bereit, sich zu einer sehr engen Beziehung zu mir herabzubeugen („... denn ich bin mit dir"), doch seine Aufforderung, keine Angst zu haben, begründet er mit seiner Göttlichkeit. Diese Göttlichkeit allein ist das Fundament seines heiligen Wesens. Er ist allmächtig, allwissend und allgegenwärtig; darüber hinaus ist er gerecht und heilig - einzig seine Liebe macht es möglich, dass „er in mir und ich in ihm" leben kann. Dieses Fundament trägt auch am Ende meines irdischen Lebens, mit ihm kann ich auch sterben!

Ich stärke dich!

Die Zusage seiner heiligen göttlichen Anwesenheit geschieht aus lauter Gnade, nicht etwa, weil ich die liebevolle Gegenwart Gottes verdient hätte. Und Gott geht noch weiter: Er verheißt mir seine tatkräftige Hilfe in allen Lebenslagen. So ähnlich muss es auch Paulus erlebt haben. „Meine Gnade genügt dir, denn meine Kraft kommt in Schwachheit zur Vollendung." Diese Antwort des Herrn auf die inständigen Bitten des Apostels, dass der Herr seinen „Dorn für das Fleisch" entfernen möge, bringt bei Paulus die Erkenntnis hervor: „Sehr gerne will ich mich nun vielmehr meiner Schwachheiten rühmen, damit die Kraft Christi bei mir wohne … denn wenn ich schwach bin, dann bin ich stark“ (2. Korinther 12,9-10).

Furcht, Angst, Unsicherheit, Hilflosigkeit - keine Situation des menschlichen Lebens ist so sehr von diesen existenziellen Emotionen geprägt wie der Sterbevorgang. Doch gerade diese zutiefst menschliche Schwachheit lässt die Kraft Gottes umso machtvoller hervorleuchten.

Ja, ich helfe dir!

Der Herr bekräftigt seine Verheißung der Hilfe noch zusätzlich mit einem Ja, das im Hebräischen auch die Bedeutung von „sogar, darüber hinaus“ haben kann.

Wo kann man die Hilfe Gottes erleben? Bei einer Bibelarbeit zum Thema „Dankbarkeit“ fragte ich einmal, ob jemand in einer bestimmten Situation die Hilfe Gottes bereits konkret erfahren habe. Ich war überwältigt von der Fülle der Antworten: Nahezu jeder hatte spontan mehrere Beispiele vor Augen; Hilfe und Bewahrung in schwierigen, gefährlichen Situationen standen dabei an erster Stelle. So erfüllt sich das Versprechen Gottes bei seinen Kindern unablässig im Alltag. Sollte es nicht gerade in der Grenzsituation des Sterbens besonders deutlich werden, dass ich mich auf Gottes Verheißungen und Versprechen immer fest verlassen kann?

Ja, ich halte dich
mit der Rechten meiner Gerechtigkeit!

Die wörtliche Bedeutung dieser Aussage ist: Gott erhebt sogar die rechte Hand seiner Gerechtigkeit für mich! Als wiedergeborener Christ weiß ich, dass dies meine einzige Möglichkeit ist, in Verbindung zum Herrn zu kommen.

Meine eigene Gerechtigkeit? Fehlanzeige! „Denn ich weiß, dass in mir, das ist in meinem Fleisch, nichts Gutes wohnt; denn das Wollen ist bei mir vorhanden, aber das Vollbringen des Guten nicht. Denn das Gute, das ich will, übe ich nicht aus, sondern das Böse, das ich nicht will, das tue ich" (Römer 7,18-19).

Nur durch die Liebe Gottes, der seinen Sohn Jesus Christus für mich „zur Sünde gemacht" hat (2. Korinther 5,21), kann ich vor Gott „gerecht" sein – und das ist nicht meine eigene Gerechtigkeit, sondern Gottes Gerechtigkeit in Jesus Christus.

Spätestens im Tod ist das meine einzige Chance.

Ich stehe vor Gott mit leeren Händen und einem furchtsamen Herzen – und er tröstet mich und ist bei mir.

Ich suche nach Hilfe – und der allmächtige Schöpfer und Herr des Universums kümmert sich um mich.

Was auch geschieht – ich lande in den „ewigen Armen" meines Herrn!

Schlusswort: Lebensfreude ist „Sterbehilfe“!

Ich lebe gern. Mein Alltag ist zwar nicht einfach und meine Zukunftsaussichten sind - aus menschlicher Sicht - eher trübe. Aber dennoch kann ich mein Leben weiterhin genießen: aus einer geistlichen Perspektive heraus. Ich lebe gern, weil ich mein Leben mit meinem Herrn und Gott leben darf.

Natürlich gibt es auch dunkle Stunden, in denen die Last der Krankheit mich zu Boden drückt. Dann würde ich liebend gern aus meinem Körper fliehen in ein gesundes Leben ohne drastische Einschränkungen. Oder am liebsten gleich in mein ewiges Leben in meinem neuen, vollkommenen Auferstehungskörper in der Gegenwart meines geliebten Herrn Jesus Christus!

Ich lebe gern - aber ich klebe nicht am Leben. Jeder neue Tag, den ich aus Gottes Hand nehmen kann, könnte mein letzter sein, und so lebe ich voller Spannung und Vorfreude auf die Begegnung mit dem lebendigen Gott.

Die meisten Menschen können meine Einstellung zu Leben und Tod kaum nachvollziehen. Sie kennen weder die Lebensfreude, die aus meiner

Beziehung zum Herrn entspringt, noch können sie die heitere Gelassenheit begreifen, mit der ich dem Leben in der Ewigkeit entgegengehe. In den vergangenen Jahren hatte ich viele Begegnungen mit Menschen, die an der gleichen Krankheit leiden wie ich. Über das Internet kann man leicht Kontakte knüpfen, und so kam es auch zu einigen persönlichen Treffen.

Es geht ohne Gott in die Dunkelheit …

Claudia hatte immer in enger Verbindung mit ihrer Familie und der Natur gelebt und sie fand auch in der Zeit ihrer Krankheit viel Trost durch die Nähe ihrer Angehörigen und durch ihren Garten und ihre Tiere. Meine Glaubenserfahrungen beeindruckten Claudia und in den meisten Dingen stimmte sie mir vorbehaltlos zu. Doch ihr selbst reichte das nicht aus. Sie befasste sich mit Jesus, aber auch mit esoterischen Steinen, buddhistischen Schutzgottheiten und der „Mutter Erde“. Sie ging ihrem Tod ruhig und gefasst entgegen, „wie ein Vogel, der plötzlich auffliegt und an einen unbekannten Ort zieht“, wie Claudia es selbst ausdrückte. Nach ihrem Tod schrieb ihr Mann: „Nun leidet sie nicht mehr. Sie hat das Ziel ihrer Reise erreicht.“ Doch wo war ihr Ziel?

Martina war Mitte 50. Nach drei Jahren ALS war sie größtenteils gelähmt, vor allem Sprach- und

Schluckmuskulatur waren stark geschädigt. Martina musste künstlich ernährt und beatmet werden. Sie litt unendlich unter ihrer Lebenssituation. Jahrzehntelang hatte sie erfolgreich als Chefsekretärin gearbeitet, war eine gepflegte und elegante Erscheinung gewesen. Als ich sie besuchte, war ihr meine positive Lebenseinstellung fast zuwider. Nein, mit einem solchen Gott wollte sie nichts zu tun haben – mit einem, der ihr die Freude am Leben völlig genommen hatte. Sie starb kurze Zeit nach meinem Besuch resigniert und verbittert.

Petra hatte als Naturwissenschaftlerin gearbeitet und war der Meinung, dass Gott nicht in ihr Weltbild passt. Begriffe wie „Ewigkeit" erschienen ihr lächerlich, der Gedanke an ein Leben nach dem körperlichen Tod war für sie ein Hirngespinst. Sie hing daher mit allen Fasern ihres Daseins an ihrer gegenwärtigen Existenz – selbst als die Krankheit sie in den Rollstuhl zwang und ihr nach und nach den Atem raubte. Als sie nicht mehr verständlich sprechen konnte, „unterhielten" wir uns per E-Mail. (Sie benutzte eine Augensteuerung.) Sie gestand mir zu, dass ich aus meinem Glauben viel Kraft schöpfe, aber sie belächelte meine biblischen Überzeugungen. Ihre Beerdigung war trostlos, die zurückbleibenden Angehörigen verzweifelt und ohne Hoffnung.

Lebensfreude ist Freude am Herrn!

Seid nicht bekümmert, denn die Freude am Herrn, sie ist euer Schutz.

Nehemia 8,10b

Wie sollen wir uns freuen in dieser Welt, in dieser Zeit, in diesen Umständen? Vordergründig gibt es für manche Christen, vor allem in Krankheitszeiten, keinen Grund zur Freude. Doch die Erfahrung von Gottes Gegenwart kann in einem Christen Freude freisetzen, die sich jeder menschlichen Erklärung entzieht. Wie kommt das? Paulus schreibt: „Die Frucht des Geistes aber ist: Liebe, Freude (...)“ (Galater 5,22).

Freude kann man nicht allein aus sich heraus produzieren - aber Gott kann das. Es ist Gott offenbar wichtig, dass wir uns freuen; Er schenkt uns diese „Frucht“! Und das bedeutet natürlich nicht, dass man unentwegt Spaß hat ... Spaß ist situationsbezogen, Freude hingegen ist der Ausdruck einer Lebenseinstellung.

Im übertragenen Sinn ist „Frucht“ ein anderer Ausdruck für „Auswirkung“. Bei der Wiedergeburt erhält jeder Christ den Heiligen Geist und dieser Heilige Geist hat Auswirkungen auf das Leben eines jeden Einzelnen: Er bringt Frucht hervor, bewirkt etwas. Nach Galater 5,22 bewirkt der Heilige Geist in den Gläubigen Freude, und zwar völlig unabhängig von der jeweiligen Lebenssituation.

Wenn ich mich nicht freue, ist also Gott schuld, oder? Nein! Gott legt die Frucht an und sorgt für das Wachstum, das ist ein Gnadengeschenk. Aber Menschen sind in der Lage, das Wachstum zu hemmen oder zu verlangsamen. Die Frucht des Geistes namens „Freude" kann nur wachsen, wenn ich eng mit Jesus verbunden bleibe (siehe Johannes 15,1.4-5.8)!

Und wozu diese Freude? Der wesentliche Grund zur Freude bei jedem Christen, egal, in welcher Lebenssituation, ist die Freude am ewigen Leben und die lebendige Hoffnung auf die ewige Herrlichkeit.

Freuen, ja freuen will ich mich in dem HERRN! Jubeln soll meine Seele in meinem Gott! Denn er hat mich bekleidet mit Kleidern des Heils, den Mantel der Gerechtigkeit mir umgetan.

Jesaja 61,10

Wenn man den Philipperbrief liest, könnte man meinen, Paulus habe es mit der Freude doch etwas übertrieben. Er schreibt: „Freut euch im Herrn allezeit! Wiederum will ich sagen: Freut euch!" (Philipper 4,4) Haben wir denn gar nichts anderes mehr zu tun?! Und überhaupt: So gut geht es mir ja nun auch nicht ... Wie kann ich mich dann „allezeit", also jederzeit und immer freuen?

Jederzeit und immer beschreibt eine Grundhaltung, keine ständige Tätigkeit. Diese Haltung hat etwas mit meinem Willen zu tun: Ich will mich freuen!

Diese Aufforderung zur Lebensfreude kommt von meinem Herrn, der es gut mit mir meint. Freude ist schließlich ein positives Lebenselement; tiefe, innere Freude hilft jedem Menschen, das Leben zu meistern. Meine Willensentscheidung zur Freude ist deshalb wie der Wasserhahn, mit dem man die Fließgeschwindigkeit des Wassers regulieren kann. Wir müssen und sollen an dieser Stelle nicht sparsam sein, sondern voll aufdrehen!

Deshalb kann ich sagen: Ich lebe gern. Ich lebe mit künstlicher Beatmung und mit vielen technischen Hilfsmitteln, die meinen todkranken Organismus unterstützen. Doch ich habe für mich beschlossen, keine weiteren medizinischen Interventionen vornehmen zu lassen: keine invasive Beatmung, keine künstliche Ernährung, keine Reanimation. Wenn mein Herr und Gott mich ruft, dann will ich ungehindert und freudig gehen können.

Und auch meine Beerdigung soll ein Freudenfest werden: ein Fest der Freude, endlich „den Lauf vollendet zu haben" und beim Herrn zu sein, und ein Fest der Dankbarkeit für alle Wunder, die er an mir getan hat!

Vielleicht lassen sich dadurch Menschen einladen, ein Leben mit Gott zu wagen, um schließlich ebenfalls durch den Tod hindurch ins Leben zu kommen.

A1 Patientenverfügung (Beispiel)

Das anschließende Beispiel einer Patientenverfügung zeigt, welche Elemente eine gültige Patientenverfügung enthalten sollte. Bei allen einzelnen Verfügungen sollte genau aufgeführt werden, welche Maßnahmen man wünscht beziehungsweise nicht wünscht. Es ist empfehlenswert, sich im Vorfeld über die jeweils möglichen medizinischen Entscheidungen genau zu informieren, am besten im Gespräch mit einem Arzt.

Liegt eine ausdrückliche Ablehnung bestimmter Behandlungsmöglichkeiten (z. B. Beatmung, künstliche Ernährung) oder eine Zustimmung zu bestimmten medizinischen Maßnahmen in genau definierten Lebenssituationen vor, sind Ärzte und Angehörige an den in der Patientenverfügung festgelegten Willen des Patienten gebunden.

Die jeweils gewünschte Behandlung muss eindeutig gekennzeichnet sein; die jeweils nicht gewünschte Maßnahme sollte eindeutig gestrichen werden.

Patientenverfügung von

___________ (Vorname, Name, Adresse)

1. Einleitung

Ich, ___________ (Vorname, Name, eventuell Geburtsname, Adresse, Geburtsdatum), bestimme hiermit für den Fall, dass ich meinen Willen nicht mehr bilden oder verständlich äußern kann, die nachfolgend beschriebenen Maßnahmen.

2. Situationen, für die diese Patientenverfügung gelten soll

Diese Patientenverfügung tritt in Kraft,

a) wenn ich mich im Endstadium einer unheilbaren, tödlich verlaufenden Erkrankung befinde, selbst wenn der Todeszeitpunkt noch nicht absehbar ist,
b) oder wenn infolge einer Gehirnschädigung meine Fähigkeit, Einsichten zu gewinnen, Entscheidungen zu treffen und mit anderen Menschen in Kontakt zu treten, nach Einschätzung zweier erfahrener Ärzte aller Wahrscheinlichkeit nach unwiederbringlich erloschen ist, selbst wenn der Todeszeitpunkt noch nicht absehbar

ist. Dies gilt für direkte Gehirnschädigung z. B. durch Unfall, Schlaganfall oder Entzündung ebenso wie für indirekte Gehirnschädigung z. B. nach Wiederbelebung, Schock oder Lungenversagen. Es ist mir bewusst, dass in solchen Situationen die Fähigkeit zu Empfindungen erhalten sein kann und dass ein Aufwachen aus diesem Zustand nicht ganz sicher auszuschließen, aber unwahrscheinlich ist.

3. *Festlegungen zu ärztlichen/pflegerischen Maßnahmen*

a) lebenserhaltende Maßnahmen: In den oben beschriebenen Situationen wünsche ich, dass alle lebenserhaltenden Maßnahmen unterlassen werden.

b) Schmerz- und Symptombehandlung: In den oben beschriebenen Situationen wünsche ich eine fachgerechte Schmerz- und Symptombehandlung. Hunger und Durst sollen auf natürliche Weise gestillt werden. Ich wünsche fachgerechte Pflege von Mund und Schleimhäuten sowie das Lindern von Schmerzen, Atemnot, Übelkeit und anderen belastenden Symptomen; wenn alle sonstigen medizinischen Möglichkeiten zur Schmerz- und Symptomkontrolle versagen, auch bewusstseinsdämpfende Mittel zur Beschwerdelinderung. Die Möglichkeit einer ungewollten Verkürzung meiner Lebenszeit durch schmerz- und symptomlindernde Maßnahmen nehme ich in Kauf.

c) Künstliche Ernährung und künstliche Flüssigkeitszufuhr: In den oben beschriebenen Situationen wünsche ich, dass keine künstliche Ernährung erfolgt, unabhängig von der Form der künstlichen Zuführung der Nahrung, sowie die Unterlassung jeglicher künstlicher Flüssigkeitszufuhr.
d) Wiederbelebung: In den oben beschriebenen Situationen wünsche ich die Unterlassung von Versuchen zur Wiederbelebung. Ich wünsche, dass der Notarzt nicht verständigt wird bzw. dass ein ggf. hinzugezogener Notarzt unverzüglich über meine Ablehnung von Wiederbelebungsmaßnahmen informiert wird. Nicht nur in den oben beschriebenen Situationen, sondern in allen Fällen eines Kreislaufversagens oder Atemstillstands lehne ich Wiederbelebungsmaßnahmen ab.
e) Künstliche Beatmung: In den oben beschriebenen Situationen wünsche ich, dass keine invasive künstliche Beatmung durchgeführt bzw. eine schon eingeleitete invasive Beatmung eingestellt wird, unter der Voraussetzung, dass ich Medikamente zur Linderung der Luftnot erhalte. Die Möglichkeit einer Bewusstseinsdämpfung oder einer ungewollten Verkürzung meiner Lebenszeit durch diese Medikamente nehme ich in Kauf.
f) Dialyse, Antibiotika, Blut/Blutbestandteile: In den oben beschriebenen Situationen wünsche

ich keine Dialyse. Die Gabe von Antibiotika bzw. Blut/Blutbestandteilen wünsche ich nur zur Linderung meiner Beschwerden.

4. Wünsche zum Sterbeort

Ich möchte, wenn irgend möglich, zu Hause sterben. Diagnostische Maßnahmen oder eine Einweisung in ein Krankenhaus sollen nur dann erfolgen, wenn sie einer besseren Beschwerdelinderung dienen und ambulant zu Hause nicht durchgeführt werden können.

5. Aussagen zur Verbindlichkeit

Ich erwarte, dass der in meiner Patientenverfügung geäußerte Wille zu bestimmten ärztlichen und pflegerischen Maßnahmen von den behandelnden Ärzten und dem Pflegeteam beachtet wird. Die letzte Entscheidung über anzuwendende oder zu unterlassende ärztliche/pflegerische Maßnahmen liegt bei meinem Ehemann/meiner Ehefrau/... ____________ (Vorname, Name).

6. Schlussformel

Soweit ich bestimmte Behandlungen wünsche oder ablehne, verzichte ich ausdrücklich auf eine (weitere) ärztliche Aufklärung.

7. Schlussbemerkungen

Mir ist die Möglichkeit der Änderung und des Widerrufs einer Patientenverfügung bekannt. Ich bin mir des Inhalts und der Konsequenzen meiner darin getroffenen Entscheidungen bewusst. Ich habe die Patientenverfügung in eigener Verantwortung und ohne äußeren Druck erstellt. Ich bin im Vollbesitz meiner geistigen Kräfte. Diese Patientenverfügung gilt solange, bis ich sie widerrufe.

8. Datum, Unterschrift

___________ (Ort, Datum, Unterschrift)

A2 Organspende

Im Zuge der letzten Änderung des deutschen Transplantationsgesetzes im November 2012 sind alle Krankenkassen gehalten, ihre Versicherten ab dem 16. Lebensjahr über die Möglichkeit der Organspende zu informieren. Das Ziel dieser Maßnahme ist es, die Bereitschaft zur Organspende in der Bevölkerung deutlich zu erhöhen. Die Entscheidung für eine Organspende soll mit einem Organspendeausweis dokumentiert werden.

Wie kann man als Christ dieses sensible Thema Organspende beurteilen? Viele Christen sehen die Organspende als einen möglichen Ausdruck christlicher Nächstenliebe: Warum sollte man kranken Menschen durch die Spende lebenswichtiger Organe nicht ein Weiterleben ermöglichen, wenn man selbst nach dem eigenen körperlichen Tod diese Organe doch nicht mehr benötigt? Ist eine bewusste Verweigerung der Organspende dann – quasi als unterlassene Hilfeleistung – nicht ein Verstoß gegen das Gebot der Nächstenliebe?

Aus biblisch-ethischer Sicht muss man dieses Thema differenziert betrachten. Grundsätzlich gibt es zwei Möglichkeiten der Organspende: die Lebendspende und die Organtransplantation von einem hirntoten Menschen.

Naturgemäß kommen für eine Lebendspende nicht alle Organe infrage; im Allgemeinen kann man eine Niere oder einen Teil der Leber oder anderer regenerierungsfähiger Organe spenden. Aus biblischer Sicht spricht nichts dagegen, einem schwer kranken Menschen „entbehrliche" Organe oder Gewebeteile zu spenden.

Ein Spenderherz (oder ein anderes lebenswichtiges Organ) hingegen setzt voraus, dass der Spender selbst gestorben ist - und genau da liegt das Problem.

Wie definiert man den Todeszeitpunkt eines Menschen? Wann ist ein Mensch wirklich tot?

Der Tod eines Menschen ist unumkehrbar eingetreten, wenn bestimmte genau definierte Todeszeichen erkennbar sind: Atmung und Herztätigkeit haben aufgehört, der Tote zeigt keine Bewegungen und keine Reflexe mehr, der Körper erkaltet und wird steif („Totenstarre"). Wenn diese Merkmale an einem menschlichen Körper festzustellen sind, ist der Mensch definitiv gestorben, und der Zerfall des Körpers, die Verwesung, hat eingesetzt. Diese körperlichen Symptome treten allerdings nicht alle unmittelbar nach Eintritt des Todes auf, sondern im Verlauf von Stunden. Wenn bei einem todkranken Menschen gegen Ende des Sterbeprozesses lebenserhaltende Maßnahmen (wie z. B. Beatmung) beendet werden, um den endgültigen Tod nicht weiter künstlich zu verhindern, dauert es in der Regel noch einige Zeit, bis der Tod zweifelsfrei festgestellt werden kann.

Die Schwierigkeit liegt nun darin, dass bei der gewünschten Organspende die lebenserhaltenden Maßnahmen bis zur Entnahme des Transplantats beibehalten werden müssen, um dem Empfänger ein noch funktionsfähiges Organ einpflanzen zu können. Der Körper des Menschen, dem ein Organ entnommen wird, zeigt also noch weiterhin Funktionen wie Atmung und Herztätigkeit - wenn sie auch nur durch Maschinen künstlich aufrechterhalten werden.

Kann ein Mensch tot sein, wenn in seiner Lunge noch ein Gasaustausch stattfindet, wenn sein Herz noch schlägt? Um diese Fragestellung zu umgehen, wird in vielen Ländern mit dem Konzept „Hirntod" argumentiert.

Der diagnostizierte Hirntod ist eine Definitionsfrage, vorwiegend aus praktischen Gründen. Der Hirntod als Todesdefinition ermöglicht es, einem (mit vegetativen Grundfunktionen) noch funktionierenden menschlichen Organismus lebenswichtige Organe zu entnehmen.

Die Hirntodkriterien wurden 1968 im Zuge der rasanten Entwicklung der Intensivmedizin und der Transplantationstechnik in den USA entwickelt. Dabei konzentriert sich das Augenmerk ausschließlich auf die Hirnfunktion eines sterbenden Menschen. Wenn alle Hirnfunktionen unumkehrbar ausgefallen sind, weil große Teile der Nervenzellen im Gehirn bereits abgestorben sind, gilt der Betroffene als hirntot. Der komplette Hirnfunktionsausfall wird dabei mit verschiedenen diagnostischen Möglichkeiten untersucht; z. B. muss ein sogenanntes Null-Linien-EEG vorliegen, das über einen Zeitraum von 30 Minuten keine Hirnfunktionen nachweist.

Die Bundesärztekammer in Deutschland schließt sich diesen Kriterien der Todesdefinition an. (In anderen Ländern, wie z. B. in Japan, wird der Hirntod nicht als Todeszeitpunkt akzeptiert.) Zum Zeitpunkt des diagnostizierten Hirntodes kann der Arzt eine Todesbescheinigung ausstellen, selbst wenn der Patient (z. B. aufgrund einer vorgesehenen Transplantation) noch weiterhin intensivmedizinisch behandelt wird. Die Sauerstoffversorgung und die Durchblutung der Organe des hirntoten Patienten könnten im Prinzip maschinell über einen sehr langen Zeitraum aufrechterhalten werden.[36]

Aus dieser Beobachtung kann man zweifelsfrei die Schlussfolgerung ziehen, dass der Hirntod und der irreversible Tod eines Menschen, der durch die oben beschriebenen Todeszeichen eindeutig charakterisiert ist, offenbar nicht identisch sind!

Selbst wenn ein hirntoter Mensch mit allergrößter Wahrscheinlichkeit nicht wieder ins Leben zurückkehren kann und sein Tod unmittelbar bevorsteht, so ist er doch nicht definitiv tot, solange es noch Körperfunktionen gibt. Nicht nur die Hirnaktivität kennzeichnet das (menschliche) Leben!

---

36 Es ist sogar technisch möglich (und mehrfach geschehen), eine hirntote schwangere Patientin am Leben zu erhalten, sodass das Kind in deren Körper heranwachsen und durch Kaiserschnitt entbunden werden kann.

Was bedeutet das für die Organspende?

Wenn man das Todeskriterium „Hirntod" zugrunde legt, weitere Körperfunktionen wegen einer geplanten Transplantation aber maschinell aufrecht erhält, so führt die Entnahme lebenswichtiger Organe bei einem hirntoten Menschen unwiederbringlich und unmittelbar zu dessen Tod: Ein Körper ohne Herz kann auch durch Medizintechnik nicht weiter „funktionieren".

Die Konsequenz: Eine Organspende ist für einen Christen ethisch nicht vertretbar (mit Ausnahme einer Lebendspende), da der Arzt durch die Organentnahme bei einem hirntoten Patienten den endgültigen Tod herbeiführt und damit – nach biblischen Maßstäben – zum Mörder wird.

Erwin W. Lutzer

5 Minuten nach dem Tod

Der Autor behandelt u. a. Themen wie Nahtoderlebnisse, Scheol, Hades, Fegefeuer, wie es im Himmel sein wird und ob man sich auf die Zeit nach dem Tod vorbereiten kann. Grundlage seiner Ausführungen sind die vielfältigen Hinweise aus der Heiligen Schrift.

Tb., 160 Seiten
Best.-Nr. 271.005
ISBN 978-3-86353-005-1